DIE GESUNDE KREATIVKÜCHE
Kurkuma

ZENTRUM DER
GESUNDHEIT

Das Zentrum der Gesundheit ist ein Internetportal, das sich seit fast 20 Jahren insbesondere den Themen Gesundheit und Prävention aus ganzheitlicher Sicht widmet. In über 2500 Fachartikeln präsentieren wir Ihnen die neuesten wissenschaftlichen Erkenntnisse aus den Bereichen Gesundheit und Ernährung. Dazu zählen unter anderem aktuelle medizinische und naturheilkundliche Studienergebnisse, die unseren Artikeln zugrunde liegen.

Sie erfahren bei uns alle erdenklichen Details zur Theorie und Praxis einer gesunden Ernährung sowie umfangreiche naturheilkundliche Konzepte bei den unterschiedlichsten Erkrankungen. Lebensmittel-porträts, aktuelle News aus der Wissenschaft sowie täglich neue Rezepte runden unser Angebot ab.

Die gesunde vegane Ernährung liegt uns ganz beson-ders am Herzen, daher finden Sie auf unserer Inter-netseite neben hunderten veganen Rezepten auch eine Vielzahl an Kochvideos. Diese vermitteln Ihnen anschaulich, wie innovativ, kreativ und köstlich die vegane Küche sein kann. Unsere Köche haben Rezep-te entwickelt, die Sie mit Leichtigkeit in Ihrer hei-mischen Küche nachkochen und geniessen können. Probieren Sie es selbst und lassen Sie sich begeistern.

Auf unserem Gesundheitsportal www.zdg.de finden Sie zahlreiche wertvolle Informationen für Ihr persönliches Wohlergehen.

Besuchen Sie uns, wir freuen uns auf Sie!

Ihr Team vom Zentrum der Gesundheit

Das Kurkuma-Kochbuch

Mit diesem Kurkuma-Kochbuch und der Kurkuma-Kur haben wir über Monate ein ganz besonderes Projekt intensiv verfolgt. Mit viel Engagement und Liebe zum Detail ist diese Kombination aus einer gesunden, kulinarischen Rezeptsammlung und einer 7-Tage-Kurkuma-Kur entstanden.

Unsere Köche haben die raffinierten und köstlichen Rezepte präzise ausgearbeitet und - was die Verwendung des Kurkumas anbetrifft - auf das Gramm perfekt abgestimmt. Die vitalstoffreichen und basenüberschüssigen Gerichte sind selbst in Nuancen optimiert worden.

Verwendet wurden ausschliesslich pflanzliche Zutaten, mit Ausnahme von Ghee (Butterschmalz), ausschliesslich hochwertige und - wo immer möglich - erntefrische Lebensmittel aus biologischem Anbau. Kombiniert wurden sie mit ausgesuchten, feinen Gewürzen.

Möglicherweise finden Sie in unseren Rezepten Zutaten, die Ihnen noch nicht so geläufig sind, wie z. B. Yaconsirup (ein sehr gesundes Süssungsmittel), Kokosblütenzucker oder Johannisbrotkernmehl (ein pflanzliches Bindemittel). Sie erhalten diese in Ihrem Bio-Supermarkt, im Reformhaus oder im Online-Fachhandel, zum Beispiel bei www.myfairtrade.com. Viele dieser Produkte gibt es inzwischen auch schon in gut sortierten Supermärkten.

Salz und Pfeffer wurden in den Zutaten unserer Rezepte nicht explizit erwähnt. Diese beiden Gewürze sind zum Abschmecken normalerweise in jedem Haushalt vorhanden. Wir verwenden stets Steinsalz, Meersalz oder Kristallsalz. Und beim schwarzen Pfeffer empfehlen wir grundsätzlich, diesen aus Gründen des intensiveren Aromas mit der Pfeffermühle zu mahlen. Zudem verbessert der schwarze Pfeffer die Bioverfügbarkeit des Curcumins - des Hauptwirkstoffes aus Kurkuma - und sorgt so dafür, dass er vom Darm wesentlich besser resorbiert werden kann.

Wenn Sie kein Freund der scharfen Küche sind, dann können Sie jederzeit das in vielen Rezepten angegebene Chili ignorieren. Die Rezepte schmecken selbstverständlich auch ohne Schärfe wunderbar.

Entstanden sind Gerichte, die eine sehr abwechslungsreiche und delikate Reise durch die kreative Welt der veganen Küche garantieren. Wir sind uns sicher, dass unsere Kurkuma-Rezepte, das gesamte Kochbuch und die Kur bei Ihnen genauso gut ankommen wie bei unserem Team.

Wir heissen Sie nun herzlich willkommen in unserer Gesunden Kreativ-Küche, wünschen Ihnen viel Freude mit unseren Rezepten und einen rundum guten Appetit! Und wenn Sie noch mehr für Ihre Gesundheit tun wollen, dann nehmen Sie an unserer 7-Tage-Kurkuma-Kur teil und spüren Sie selbst, welche Kraft in dieser kleinen Wurzel steckt.

Ihr Team vom Zentrum der Gesundheit

P.S.: Wenn Sie unsere Gesunde Kreativ-Küche gerne live erleben möchten, dann laden wir Sie herzlich in unser Kochstudio ein:

→ http://mediathek.zdg.de

Inhaltsverzeichnis

6   KURKUMA – Die heilsame Gelbwurz

9   WARMER BLUMENKOHLSALAT mit Buchweizenbällchen

11   KAROTTEN-PAPAYA-GEMÜSE mit blauem Blütenreis

13   KARTOFFELPFANNE mit Kaiserschoten und Tofu

15   OKRASCHOTEN an Gewürzlinsen-Püree

17   REISNUDELPFANNE mit Shiitake, Tofu und Sprossen

19   PILZ-GEMÜSEPFANNE in cremig-würziger Sauce

21   AUBERGINENGEMÜSE mit Tofu-Chili-Sauce an Quinoa

23   KARTOFFEL-FRIKADELLEN mit Karotten an Mandelsauce

25   PAPRIKAGEMÜSE mit schwarzem Reis

27   CASHEW-HIRSE mit Cranberrys und Karotten

29   DINKEL-HÖRNLI an pikanter Gemüsesauce

31   BROKKOLIGEMÜSE mit bunter Quinoa

33   PIKANTER MUNG DAL mit Basmatireis

35   ZITRONENSCHNITZEL mit Rosmarin-Kartoffeln

37   LINSENTOPF mit Hirse

39   ZUCCHINI-KAROTTEN-GEMÜSE mit Vollkorn-Basmatireis

41   SCHNELLE GEMÜSEPFANNE mit Glasnudeln

BUNTE QUINOA mit knackigem Gemüse   **43**

ASIATISCHES Kartoffel-Wirsing-Gemüse   **45**

KÜRBISGEMÜSE IN KOKOSMILCH an Baby-Kartoffeln   **47**

GEMÜSE-PAELLA mit Algen ummanteltem Tofu   **49**

HOKKAIDO-PÜREE mit Pilz-Maronen   **51**

PIKANTE GEMÜSEPFANNE mit Tempeh   **53**

RIGATONI mit Kräuterseitlingen und Gemüse   **55**

BLUMENKOHL IN PETERSILIENSAUCE an Hirse   **57**

GEFÜLLTE TOMATEN auf Linsenpüree   **59**

DINKEL-NUSS-TÜRMCHEN an Gemüsesalat   **61**

TOFU-RAVIOLI mit erfrischendem Dip   **63**

KARTOFFEL-GRATIN mit Blumenkohl und Nuss-Parmesan   **65**

GEMÜSE-CURRY mit Basmatireis   **67**

TOFU MIT GEMÜSE in pikanter Sauce   **69**

GRÜNKERNBRATLINGE auf Karotten-Ingwer-Gemüse   **71**

GEBRATENE REISNUDELN mit Gemüse und Tofu-Spiessen   **73**

GEMÜSEPFANNE MIT KICHERERBSEN in cremiger Sauce   **75**

HERBSTLICHES Gemüse-Potpourri   **77**

Die 7-Tage-Kurkuma-Kur   **78**

Impressum   **102**

Kurkuma – Die heilsame Gelbwurz

Kurkuma – die gelbe Wurzel aus Südasien – hat in den letzten Jahren die Küchen Europas erobert. Kein Wunder, denn sie schenkt Speisen ein mildwürziges Aroma, eine wunderbare gelbe Färbung und zugleich eine Fülle an heilsamen Eigenschaften. Der Hauptwirkstoff in der Kurkumawurzel heisst Curcumin. Er wirkt

- entzündungshemmend,
- antioxidativ,
- entgiftend,
- blutgerinnungshemmend („blutverdünnend"),
- gefässschützend,
- blutzuckerregulierend,
- immunsystemstärkend sowie
- leber- und galleschützend.

Man könnte fast sagen, Kurkuma verwandelt ein einfaches Gericht in ein Heilmittel. Allerdings müssen beim Kochen mit Kurkuma einige wichtige Regeln berücksichtigt werden – andernfalls schmeckt und wirkt die Wurzel nicht.

Da es inzwischen fast überall die frische Kurkumawurzel zu kaufen gibt, kann diese gerne so oft wie möglich statt des üblichen Kurkumapulvers eingesetzt werden. Sie wird auf der feinen Gemüsereibe kurz vor Gebrauch frisch gerieben. Denken Sie an Handschuhe, da die Wurzel andernfalls Ihre Hände gelb färbt. Das Aroma der frischen Wurzel ist etwas intensiver, als dies beim Pulver der Fall ist. Der Curcumingehalt jedoch ist bei beiden in etwa gleich hoch.

Zwar könnte man glauben, dass das Pulver höher konzentriert sein müsste, da es wasserärmer ist. Während des Verarbeitungsprozesses geht jedoch offenbar wieder ein Teil der Wirkstoffe verloren, so dass der Curcumingehalt bei beiden Kurkumaformen letztendlich fast identisch ist.

Da Curcumin besser wirkt, wenn es in mehreren kleinen Dosen über den Tag verteilt eingenommen wird, empfiehlt es sich – besonders dann, wenn man Kurkuma gezielt für gesundheitliche Zwecke einsetzen möchten – lieber in jede Mahlzeit etwas Kurkuma zu geben, statt die gesamte Tagesdosis in ein einzelnes Gericht

zu mischen. Diese Vorgehensweise kommt natürlich auch sehr dem Geschmack zugute, denn Kurkuma gehört zu jenen Gewürzen, die mit Bedacht dosiert werden sollten, andernfalls entwickelt sich ein bitterer Geschmack.

Achten Sie ferner immer darauf, dass Sie in jedes Kurkuma-Rezept etwas Fett und schwarzen Pfeffer geben. Curcumin ist fettlöslich, so dass es ohne Fett vom Körper kaum aufgenommen werden könnte. Es genügt hier aber wirklich eine kleine Fettmenge, wie z. B. das Olivenöl eines Salatdressings, etwas Mandelmus im Smoothie oder auch ein Löffel Kokosöl, in dem das Gemüse gedünstet wird.

Schwarzer Pfeffer wiederum enthält einen Stoff namens Piperin. Auch dieser verbessert die Bioverfügbarkeit des Curcumins und sorgt dafür, dass es im Darm besser resorbiert werden kann. Curcumin ist übrigens nicht hitzeempfindlich. Kurkuma kann daher sowohl in gekochten Gerichten als auch in Frischkostrezepten verwendet werden.

Bei den Kurkuma-Mengenangaben haben wir stets sowohl die Teelöffelanzahl (TL) als auch die Grammzahl dazu geschrieben. Zwar gibt es sehr unterschiedliche Teelöffelgrössen, doch gelten für das Kurkumapulver ausgehend von einem handelsüblichen Teelöffel in etwa die folgenden Verhältnisse:

- 1 gestrichener TL = 3 g Kurkuma
- 1 gehäufter TL   = 5 g Kurkuma

Wird die frische Wurzel verwendet, schneiden Sie die erforderliche Menge von der Wurzel ab und reiben erst dann das zuvor abgewogene Wurzelstückchen.

Wir empfehlen Ihnen, zunächst mit kleinen Kurkuma-Mengen zu starten, z. B. mit der Hälfte der angegebenen Dosierungen. Lassen Sie Ihrem Körper Zeit, sich langsam an das neue Gewürz zu gewöhnen. Im Laufe der Zeit erhöhen Sie die Dosis, bis Sie die im Rezept angegebene Menge erreicht haben.

WARMER BLUMENKOHLSALAT
mit Buchweizenbällchen

Zutaten

100 g Buchweizen – gründlich spülen

1 kleiner Blumenkohl – waschen, in Röschen teilen

2 rote Zwiebeln – schälen, in Streifen schneiden

1 Granatapfel – halbieren, entkernen

250 ml Wasser

1 EL Kokosöl

ein paar Blättchen Petersilie zur Deko

Für die Marinade:

8 EL Olivenöl

3 EL Zitronensaft

1 EL Yaconsirup

1 TL Kurkumapulver

¼ TL Kreuzkümmel

1 Prise Chilipulver

Zubereitung

Den Backofen auf 175 Grad vorheizen.

1. Alle Zutaten für die Marinade in eine Salatschüssel geben und verrühren.
2. Blumenkohl und Zwiebeln in die Marinade geben, vermengen und mit Salz und Pfeffer abschmecken. Das Gemüse im Backofen 25-30 Min. goldbraun rösten.
3. In der Zwischenzeit den Buchweizen in 250 ml Wasser und 1 TL Salz aufkochen, Hitze reduzieren und 15 Min. köcheln. Hitze abschalten und 5 Min. quellen lassen.
4. Den Buchweizen mit 1 EL Kokosöl beträufeln und mit Salz und Pfeffer abschmecken. Aus der Masse mit feuchten Händen kleine Kugeln formen.
5. Anrichten, mit den Granatapfelkernen und Petersilienblättchen garniert servieren.

Tipp: Dieses Gericht können Sie selbstverständlich auch heiss geniessen.

Zubereitungszeit: ca. 45 Min.    Portionen: 2

KAROTTEN-PAPAYA-GEMÜSE
mit blauem Blütenreis

Zutaten

Für den Reis:

100 g Basmatireis* – gründlich spülen

200 ml Wasser

3 Beutel blauer Tee (z. B. Butterfly Pea Flower Tea)

Für das Gemüse:

1 mittelgrosse Papaya – schälen, in Stücke schneiden

2 Karotten – waschen, schälen, in Scheiben schneiden

100 g TK-Erbsen* – abspülen

2 Schalotten – schälen, in Streifen schneiden

Flüssige Zutaten und Gewürze:

350 ml Gemüsebrühe

150 ml Kokosmilch

2 EL Kokosöl

1 Chilischote – waschen, in Streifen schneiden

2 Knoblauchzehen – schälen und pressen

5 g Ingwerwurzel – waschen und reiben

6 g Kurkumawurzel – waschen und reiben

1 St. Zitronengras – mit Messerrücken flachklopfen

2 EL Kokosraspeln

1 Handvoll Petersilienblätter – zum Anrichten

1 TL bunte Blüten – zum Anrichten

Zubereitung

1. Die Teebeutel 5 Min. in 200 ml heissem Wasser ziehen lassen und entfernen.

2. Das Teewasser aufkochen, salzen und den Reis dazugeben. Hitze reduzieren, den Reis ca. 20 Min. garen lassen und den Herd abschalten.

3. Schalotten, Chilischote, Knoblauch, Ingwer und Kurkuma in einem Mörser zu einer Paste verarbeiten.

4. Das Zitronengras in heissem Kokosöl ca. 3 Min. anbraten. Gewürzpaste hinzufügen und ca. 2 Min. unter ständigem Rühren mitanbraten.

5. Karottenscheiben und Papayastücke dazugeben, mit Kokosmilch auffüllen und die Kokosraspeln einrühren. Einmal aufkochen lassen, Hitze reduzieren und weitere 5-8 Min. leicht köcheln lassen. Bei Bedarf etwas von der aufbewahrten Gemüsebrühe dazugeben.

6. Erbsen hinzufügen, Zitronengras rausnehmen und alles mit Salz und Pfeffer abschmecken.

7. Mit Petersilie und den Blüten garnieren und servieren.

*keinen Vollkornreis verwenden, da er die blaue Farbe nicht annimmt.
*TK = Tiefkühlware

 Zubereitungszeit: ca. 60 Min.   Portionen: 2

KARTOFFELPFANNE

mit Kaiserschoten und Tofu

Zutaten

400 g festk. Kartoffeln – schälen, Scheiben schneiden

300 g Kaiserschoten – waschen, schräg halbieren

100 g Räuchertofu – in Scheiben schneiden

1 Frühlingszwiebel – waschen, in Ringe schneiden

4 getrocknete, eingelegte Tomaten – klein schneiden

3 EL TK-Erbsen* – über ein Sieb spülen

Flüssige Zutaten und Gewürze:

700 ml Gemüsebrühe

4 EL Kokosöl

2 TL Johannisbrotkernmehl

1 EL Tamari

1 EL Yaconsirup

1 kleine rote Chilischote – entkernen, Ringe schneiden

1 TL geriebene Ingwerwurzel

1 TL Kurkumapulver

1 Zweig Thymian – Blätter fein hacken

1 Zweig Liebstöckel – Blätter fein hacken

Zubereitung

1 Den Tofu in einer Schüssel mit Salz, Pfeffer, Kurkuma und Ingwer würzen; die Chilischote dazugeben, mit Tamari beträufeln und mindestens 5 Min. marinieren.

2 Die Kartoffeln in 2 EL heissem Kokosöl 5-6 Min. anbraten. Mit 1 TL Kurkuma, Salz und Pfeffer würzen und 2 Min. anschwitzen. Mit 100 ml Gemüsebrühe ablöschen, aufkochen und die Flüssigkeit reduzieren lassen. Hitze abschalten und abgedeckt warmhalten.

3 Zwischenzeitlich die Kaiserschoten in 600 ml kochender Gemüsebrühe 1-2 Min. blanchieren. Über ein Sieb abgiessen, kalt abschrecken und abtropfen lassen. Die Gemüsebrühe aufbewahren.

4 2 EL Kokosöl in einer Pfanne erhitzen und den Tofu zusammen mit den getrockneten Tomaten darin anschwitzen. Das restliche Gemüse dazugeben und ebenfalls kurz anschwitzen.

5 Mit der Tofu-Marinade beträufeln und mit 150 ml der aufbewahrten Gemüsebrühe ablöschen.
Das Johannisbrotkernmehl mit 4 EL Wasser verrühren, zum Gemüse geben, aufkochen und eindicken lassen.

6 Mit Thymian- und Liebstöckelblättern bestreuen und zusammen mit den Kartoffeln servieren.

*TK = Tiefkühlware

OKRASCHOTEN

an Gewürzlinsen-Püree

Zutaten

300 g Okraschoten – waschen, schräg halbieren

200 g gelbe Linsen – gründlich spülen

200 g Tomaten – waschen, würfeln

Flüssige Zutaten und Gewürze:

700 ml Wasser

5 EL Kokosöl

1 EL Bio Margarine

10 g Ingwerwurzel – waschen und reiben

3 TL Korianderpulver

1 TL Kurkumapulver

1½ TL Kreuzkümmelpulver

1 Prise Fenchel gemahlen

¼ TL Chillipulver

3 EL fein gehackter Koriander – garnieren

Zubereitung

1   Linsen in 450 ml Wasser ohne Deckel ca. 20 Min. weich köcheln. Anschliessend in einem Mixer pürieren.

2   Ingwer in 2 EL heissem Kokosöl unter Rühren anschwitzen. 2 TL Koriander, 1 TL Kreuzkümmel, ½ TL Kurkuma, Fenchel und Chillipulver dazugeben und die Margarine einrühren. Die Mischung unter das Linsenpüree heben und mit Salz und Pfeffer abschmecken.

3   Die Okraschoten im restlichen Kokosöl ca. 6 Min. von allen Seiten anbraten. Mit ½ TL Kurkuma, 1 TL Koriander und ½ TL Kreuzkümmel würzen.

4   Tomaten dazugeben, mit 250 ml Wasser aufgiessen und einmal aufkochen lassen. Hitze reduzieren und leicht köcheln lassen, bis die Sauce dickflüssig ist.

5   Mit Salz und Pfeffer abschmecken, anrichten und mit Koriander garniert servieren.

REISNUDELPFANNE

mit Shiitake, Tofu und Sprossen

Zutaten

150 g flache Reisnudeln

200 g Shiitakepilze – putzen und ggf. halbieren

175 g Chinakohl – waschen, in Streifen schneiden

100 g Karotten – waschen, schälen und fein würfeln

100 g Tofu Natur – in 2-cm-Würfel schneiden

70 g Stangensellerie – in 1-cm-Würfel schneiden

100 g Sojasprossen – gründlich spülen

Flüssige Zutaten und Gewürze:

4 EL Kokosöl

3 EL Sesamöl

3 EL Tamari

1 EL Mandelmus   mit 3 EL Wasser verrühren

1 EL geriebener Ingwer

2 TL Kurkumapulver

1 Prise Kreuzkümmelpulver

1 Prise Zimt

1 Prise Sternanis

1 Prise Nelkenpulver

Zubereitung

1   Die Nudeln in einen Topf geben, mit kochendem Wasser bedecken, Deckel auflegen und etwa 7 Min. ziehen lassen. Dann über ein Sieb abgiessen und abtropfen lassen. In der Zwischenzeit das Gemüse vorbereiten.

2   Tofuwürfel in 2 EL heissem Kokosöl anbraten. Anschliessend mit Kreuzkümmel, Zimt, Sternanis und Nelkenpulver bestäuben. Beiseite stellen.

3   Shiitake und Ingwer unter Wenden ca. 4 Min. in Sesamöl braten, salzen und beiseite stellen.

4   Karotten und Stangensellerie 2-3 Min. in 2 EL heissem Kokosöl anschwitzen. Mandelmus dazugeben, Chinakohl und Reisnudeln unterheben, mit Tamari beträufeln, mit Kurkuma bestäuben und 2-3 Min. unter ständigem Rühren köcheln lassen. Mit Salz und Pfeffer abschmecken.

5   Tofu, Shiitake und Sojasprossen unterheben und nochmals erhitzen.

6   Mit Salz und Pfeffer abschmecken und anrichten.

Tipp: Verwenden Sie anstelle einer normalen Pfanne einen Wok.

 Zubereitungszeit: ca. 35 Min.   Portionen: 4

PILZ-GEMÜSEPFANNE

in cremig-würziger Sauce

Zutaten

100 g Hirse – gründlich, heiss abspülen

100 g Pfifferlinge – säubern, vierteln

100 g Kräuterseitlinge – säubern, Scheiben schneiden

100 g Champignons – säubern, in Scheiben schneiden

70 g Kartoffeln – schälen, in kleine Würfel schneiden

70 g Karotten – schälen, in kleine Würfel schneiden

Flüssige Zutaten und Gewürze:

300 ml Wasser + 150 ml

50 ml Kokosmilch

3 EL Kokosöl

1 EL Zitronensaft

1 EL geriebener Ingwer

2 EL Korianderpulver

1 TL Kurkumapulver

1 Prise Chilipulver

Zubereitung

1   Die Hirse mit 300 ml Wasser und ½ TL Salz zum Kochen bringen, Hitze reduzieren und ca. 15 Min. köcheln lassen. Herd abschalten, Topf abdecken und 15 Min. quellen lassen. In der Zwischenzeit die restlichen Zutaten vorbereiten.

2   Ingwer, Karotten und Kartoffeln in 3 EL Kokosöl 3 Min. braten. Alle Pilze in die Pfanne geben, mit Koriander und Kurkuma würzen und unter Rühren 4 Min. braten.

3   Mit 150 ml Wasser ablöschen, Hitze reduzieren und abgedeckt ca. 10 Min. leicht köcheln lassen.

4   Kokosmilch einrühren, aufkochen lassen und mit Zitronensaft, Salz, Pfeffer und Chili abschmecken.

5   Anrichten.

 Zubereitungszeit: ca. 40 Min.    Portionen: 2

AUBERGINENGEMÜSE
mit Tofu-Chili-Sauce an Quinoa

Zutaten

150 g bunte Quinoa – gründlich, heiss abspülen

300 g lange Auberginen – waschen, Stücke schneiden

100 g roter Paprika – waschen, fein würfeln

100 g Tomaten – waschen, würfeln

100 g Tofu Natur – mit einer Gabel zerbröseln

2 rote, milde Peperoncini – waschen, würfeln

Flüssige Zutaten und Gewürze:

500 ml + 300 ml + 200 ml Wasser

3 EL Kokosöl

2 EL Tamari

2 EL Zitronensaft

2 TL Kokosblütenzucker

1 TL Kartoffelstärke – mit 2 EL Wasser verrühren

1 EL fein gehackter Ingwer

1 TL Kurkumapulver

3 EL gehackte Petersilie

Zubereitung

1 Quinoa mit 300 ml Wasser und ½ TL Salz zum Kochen bringen, Hitze reduzieren und ca. 15 Min. köcheln lassen. Herd abschalten, Topf abdecken und 15 Min. ausquellen lassen. In der Zwischenzeit das Gemüse vorbereiten.

2 Tomaten und Peperoncini in einem Mixer fein pürieren.

3 Das Kokosöl in einer Pfanne erhitzen und den Tofu darin goldbraun anbraten. Paprikawürfel und Ingwer dazugeben und 2 Min. braten. Mit Kurkuma bestäuben, mit Tamari beträufeln, gut verrühren und mit 200 ml Wasser ablöschen.

4 Die Tomaten-Peperoncini-Masse einrühren, Zucker dazugeben und aufkochen lassen. Kartoffelstärke einrühren, erneut aufkochen lassen, mit Salz, Pfeffer und Zitronensaft abschmecken. Petersilie unterheben, den Herd abschalten und die Sauce abgedeckt warm halten.

5 Die Auberginen auf jeder Seite mit dem Messer längs einritzen und in einen tiefen Teller legen. Eine hohe Pfanne mit 500 ml Wasser zum Kochen bringen, den Auberginen-Teller in den Wasserdampf stellen, mit einem Deckel abdecken und 6 Min. darin dämpfen.

6 Quinoa mit der Sauce und den Auberginen anrichten.

KARTOFFEL-FRIKADELLEN
mit Karotten an Mandelsauce

Zutaten

600 g mehlig kochende Kartoffeln

500 g Karotten – schälen, in Stifte schneiden

50 g TK-Erbsen* – abspülen

4 EL Dinkel-Paniermehl

Flüssige Zutaten und Gewürze:

450 ml Wasser

4 EL Kokosöl

2 EL Bio Margarine

1 EL weisses Mandelmus

1 EL Tamari

2 EL geriebener Ingwer

2 TL Kurkumapulver

½ TL Garam masala

½ TL Chilipulver

1 Zweig Rosmarin – die Nadeln abzupfen

Zubereitung

1 Die Kartoffeln ca. 10 Min. kochen (sie sollten noch nicht weich sein). Schälen, abkühlen lassen und mit einem Kartoffelstampfer grob stampfen.

2 Ingwer in 2 EL heissem Kokosöl anschwitzen. Kartoffeln und Erbsen dazugeben und mit 1 TL Kurkuma, Garam masala, Chili und Salz pikant abschmecken. Bei sehr geringer Hitze 5 Min. ziehen lassen. Dann zum Auskühlen in eine Schüssel geben.

3 Karotten in heisser Margarine 3 Min. anschwitzen. Kurkuma, Salz und Pfeffer zugeben, mit Tamari ablöschen und mit Wasser auffüllen. Köcheln lassen, bis die Karotten gar sind. Mandelmus einrühren, kurz erhitzen und abschmecken. Herd abschalten und abgedeckt warm halten.

4 Aus der abgekühlten Kartoffelmasse die Frikadellen formen und in Paniermehl wenden. Das restliche Kokosöl mit dem Rosmarin erhitzen und die Frikadellen darin goldbraun braten.

5 Zusammen mit den Karotten anrichten.

*TK = Tiefkühlware

PAPRIKAGEMÜSE

mit schwarzem Reis

Zutaten

400 g roter Paprika (lange, spitze Form)

150 g schwarzer Reis – gründlich spülen

Flüssige Zutaten und Gewürze:

300 ml + 250 ml Wasser

150 + 100 ml Kokosmilch

2 EL Kokosöl

1 EL Zitronensaft

1 EL Mandelmus

1 EL Kartoffelstärke – mit 3 EL Wasser verrühren

1 EL Kokosblütenzucker

1 EL fein gehackter Ingwer

1 TL Kurkumapulver

1 Prise Chilipulver

Zubereitung

Den Backofen auf 250 Grad erhitzen.

1 Den Reis mit 250 ml Wasser, 150 ml Kokosmilch und 1½ TL Salz zum Kochen bringen. Hitze reduzieren und abgedeckt ca. 40 Min. leicht köcheln lassen.

2 Die Paprika 10-15 Min. im Backofen garen, bis sie weich sind. Rausnehmen und Backofen ausschalten. Paprika halbieren, häuten und in ca. 2 cm breite Streifen schneiden. Anschliessend im Backofen warmhalten.

3 Ingwer in heissem Kokosöl 2 Min. unter Rühren anschwitzen. Mit 300 ml Wasser ablöschen, Mandelmus einrühren, Zitronensaft, Chili, Kurkuma und Zucker dazugeben. Einmal aufkochen lassen.

4 Mit 100 ml Kokosmilch auffüllen, die Kartoffelstärke einrühren und erneut 2 Min. kochen lassen. Mit Salz und Pfeffer abschmecken.

5 Die Paprika aus dem Ofen nehmen, mit der Sauce übergiessen und zusammen mit dem Reis servieren.

 Zubereitungszeit: ca. 45 Min.　　　Portionen: 2

CASHEW-HIRSE

mit Cranberrys und Karotten

Zutaten

200 g Hirse – gründlich abspülen

140 g Cranberrys

100 g Karotten – schälen, sehr fein würfeln

60 g Cashewkerne – in einer fettfreien Pfanne rösten

Flüssige Zutaten und Gewürze:

400 ml Wasser

2 EL Kokosöl

1 EL fein gehackter Ingwer

1 TL schwarze Senfsamen

1 TL Kurkuma

Zubereitung

1   Die Hirse mit 600 ml Wasser, ½ TL Salz sowie je 1 TL Pfeffer und Kurkuma kräftig aufkochen, Hitze reduzieren und 15 Min. leicht köcheln lassen. Herd abschalten, Topf abdecken und weitere 15 Min. quellen lassen.

2   Das Öl mit den Senfsamen in einer Pfanne erhitzen. Sobald sie zu springen beginnen, Ingwer kurz einrühren, Karotten dazugeben und ca. 2 Min. anbraten.

3   Cashews und Cranberrys ebenfalls in die Pfanne geben, kurz erhitzen, die Pfanne vom Herd nehmen und beiseite stellen.

4   Die gegarte Hirse unter den Pfanneninhalt mischen, evtl. nochmals erwärmen, mit Salz und Pfeffer abschmecken und servieren.

 Zubereitungszeit: 40 Min.   Portionen: 2

DINKEL-HÖRNLI

an pikanter Gemüsesauce

Zutaten

320 g Vollkorn-Dinkel-Hörnli ohne Ei

350 g Karotten – schälen, dünne Scheiben schneiden

200 g Champignons – säubern, in Scheiben schneiden

50 g Wirsing – waschen, grob hacken

80 g Pecannüsse – halbieren

Flüssige Zutaten und Gewürze:

300 ml Sojasahne

150 ml Wasser

20 g Mandelmus

5 EL Bio Margarine

3 EL Zitronensaft

2 EL Tamari

2 TL Kurkumapulver

3 EL gehackte Petersilie

Zubereitung

1   Die Margarine in einer Pfanne erhitzen, Karotten und Wirsing 5 Min. anbraten, Herd abschalten.

2   200 g des Gemüses, 50 g Pecannüsse und die Sojasahne in einen Mixer geben und fein pürieren.

3   Die Nudeln mit 1 TL Salz in reichlich kochendes Wasser geben und 5 Min. al dente garen.

4   Das restliche Gemüse erneut erhitzen, Champignons und restliche Nüsse 2 Min. anbraten und mit 150 ml Wasser ablöschen. Mandelmus einrühren, mit Tamari und Kurkuma würzen.

5   Das pürierte Gemüse wieder in die Pfanne geben, einmal aufkochen lassen und mit Salz, Pfeffer und Zitronensaft abschmecken.

6   Die Nudeln zusammen mit der Sauce anrichten, mit Petersilie bestreuen und servieren.

BROKKOLIGEMÜSE
mit bunter Quinoa

Zutaten

300 g bunte Quinoa – gründlich, heiss abspülen

600 g Brokkoli – waschen, in Röschen schneiden

250 g Karotten – schälen, in kleine Würfel schneiden

150 g Champignons – putzen, in Viertel schneiden

Flüssige Zutaten und Gewürze

600 ml + 400 ml Wasser

250 ml Hafersahne

3 EL Kokosöl

2 EL Tamari

1 EL fein gehackter Ingwer

2 TL Kurkumapulver

3 TL Kartoffelstärke   mit 3 EL Wasser verrühren

Zubereitung

1 Quinoa mit 600 ml Wasser und 1 TL Salz zum Kochen bringen, Hitze reduzieren und ca. 15 Min. köcheln lassen. Herd abschalten, Topf abdecken und 15 Min. ausquellen lassen. In der Zwischenzeit die restlichen Zutaten vorbereiten.

2 Brokkoli mit 400 ml Wasser und 1 TL Salz zum Kochen bringen. 3 Min. blanchieren, herausnehmen, abtropfen lassen und beiseite stellen. Das Kochwasser wird später noch benötigt.

3 Den Ingwer in 3 EL Kokosöl anbraten, Karottenwürfel in die Pfanne geben und 2-3 Min. mitbraten. Die Champignons dazugeben, mit Kurkuma würzen und weitere 3 Min. braten.

4 Mit dem Brokkoli-Wasser auffüllen und aufkochen lassen. Hafersahne und Kartoffelstärke einrühren und 3 Min. köcheln lassen.

5 Mit Tamari, Salz und Pfeffer abschmecken und zusammen mit der gegarten Quinoa anrichten.

 Zubereitungszeit: ca. 40 Min.    Portionen: 4

PIKANTER MUNG DAL

mit Basmatireis

Zutaten

200 g Vollkorn-Basmatireis – gründlich spülen

200 g gelbe Mungbohnen – spülen, bis Wasser klar ist

4 mittelgrosse, reife Tomaten – waschen, vierteln

250 g Karotten – schälen, würfeln

2 getrocknete Chilis – waschen, entkernen, hacken

Flüssige Zutaten und Gewürze:

700 ml Gemüsebrühe

500 ml Wasser

2 EL Ghee (oder Kokosöl)

1 EL Zitronensaft

1 EL Tamari

2 TL schwarze Senfsamen

1 TL gemahlener Kreuzkümmel

2 TL Kurkumapulver

1 EL geriebener Ingwer

1 Prise Chiliflocken (bei Bedarf)

2 EL gehackte Korianderblätter

Zubereitung

1 Den Reis mit 500 ml Wasser aufkochen lassen, Hitze reduzieren, abdecken und ca. 40 Min. leicht köchelnd garen. Anschliessend leicht salzen.

2 Die Mungbohnen in 1 EL Ghee unter ständigem Rühren etwa 2 Min. anrösten. Mit Gemüsebrühe auffüllen, zum Kochen bringen, abdecken und bei mittlerer Hitze 20 Min. köcheln lassen. Topf vom Herd nehmen.

3 In der Zwischenzeit 1 EL Ghee mit den Senfkörnern in einer Pfanne erhitzen. Sobald die Körner zu springen beginnen, Temperatur stark reduzieren; Ingwer, Kreuzkümmel, Kurkuma und Chili hinzufügen und unter Rühren 15 Sek. rösten.

4 Karottenwürfel dazugeben und unter Rühren 3 Min. rösten. Dann Tomatenviertel unter Rühren 2 Min. anschwitzen.

5 Den gesamten Pfanneninhalt zu den Mungbohnen geben und erneut auf kleiner Flamme ca. 10 Min. leicht köcheln lassen.

6 Das Dal mit Tamari, Salz, Pfeffer und Zitronensaft pikant abschmecken. Mit Koriander bestreuen und zusammen mit dem Reis servieren.

ZITRONENSCHNITZEL
mit Rosmarin-Kartoffeln

Zutaten

400 g Sellerie – schälen, in 1-cm-Scheiben schneiden

4 grosse Kartoffeln (ca. 800 g) – waschen

150 g + 60 g Vollkorn-Dinkelmehl

2 Bio Zitronen

Für den Dip:

100 g Bio Sojaquark

100 g Bio Sojajoghurt

1 EL Zitronensaft

2 EL gehackte Petersilie

Flüssige Zutaten und Gewürze:

220 ml Wasser

5 EL Kokosöl + etwas flüssiges Kokosöl

2 TL Kurkumapulver

1 Stängel frischer Rosmarin – Nadeln abzupfen

Zubereitung

Den Backofen auf 170 Grad vorheizen.

1   Die Zitronen heiss abwaschen und die Schale (ohne weisses Häutchen) abreiben.

2   Die Kartoffeln ungeschält 15 Min. kochen.

3   150 g Dinkelmehl mit 220 ml Wasser und 2/3 der geriebenen Zitronenschale kräftig verrühren. Mit Salz, Pfeffer und Kurkuma pikant (!) würzen.

4   Die gekochten Kartoffeln mit flüssigem Kokosöl beträufeln, kräftig salzen und mit Rosmarinnadeln bestreuen. Für 20 Min. in den Backofen stellen.

5   In der Zwischenzeit die Selleriescheiben 7-8 Min. in kochendem Salzwasser garen.

6   Alle Zutaten für den Dip miteinander verrühren und abschmecken.

7   Die Selleriescheiben panieren: Zuerst in Dinkelmehl, dann in der Zitronen-Panade und dann in den restlichen Zitronenzesten wenden. Im heissen Öl goldbraun anbraten.

8   Zusammen mit den gebackenen Kartoffeln und dem Dip servieren.

Tipp: Dazu passt ein knackig-frischer Blattsalat.

LINSENTOPF

mit Hirse

Zutaten

250 g braune Linsen – über Nacht einweichen

100 g rote Linsen – gründlich spülen, abtropfen lassen

150 g Hirse – gründlich spülen

150 g säuerlicher Bio Apfel – waschen, grob reiben

Flüssige Zutaten und Gewürze:

700 + 450 ml Wasser

150 ml Hafersahne

3 EL Zitronensaft

3 EL Bio Margarine

1 EL Kokosöl

1 EL geriebener Ingwer

2 TL Kurkumapulver

2 TL Korianderpulver

2 TL Currypulver

1 Prise Nelkenpulver

Zubereitung

1 Das Linsen-Einweichwasser abgiessen und die Linsen gründlich spülen. 700 ml Wasser mit 4 TL Salz in einem Topf aufkochen lassen. Braune und rote Linsen hineingeben, nochmals aufkochen, Hitze reduzieren und abgedeckt 20-25 Min. leicht köcheln lassen.

2 Zwischenzeitlich die Hirse mit 450 ml Wasser, 1 EL Kokosöl und 1½ TL Salz kräftig aufkochen, Hitze stark reduzieren und 15 Min. leicht köcheln lassen. Herd abschalten, Topf abdecken und weitere 15 Min. quellen lassen.

3 Die Margarine in einer Pfanne erhitzen. Ingwer einrühren, Kurkuma-, Koriander-, Curry- und Nelkenpulver dazugeben und unter Rühren ca. ½ Min. köcheln lassen. Die Hafersahne einfüllen und den Apfel unterheben.

4 Den gesamten Pfanneninhalt zu den gegarten Linsen geben und einmal aufkochen lassen. Mit Zitronensaft, Salz und Pfeffer und Koriander abschmecken.

5 Anrichten.

ZUCCHINI-KAROTTEN-GEMÜSE

mit Vollkorn-Basmatireis

Zutaten

100 g Vollkorn-Basmatireis – gründlich spülen

300 g Zucchini – waschen, dünne Streifen schneiden

100 g Karotten – waschen, in kleine Würfel schneiden

50 g Pecannüsse – grob hacken

Flüssige Zutaten und Gewürze:

250 ml + 100 ml Wasser

50 ml Soja- oder Hafersahne

3 EL Kokosöl

1 EL Mandelmus

1 EL geriebener Ingwer

1 TL Kurkumapulver

Zubereitung

1 Den Reis in 1 EL heissem Kokosöl kurz anschwitzen. Mit 250 ml Wasser aufkochen lassen, Hitze reduzieren, abdecken und ca. 40 Min. leicht köchelnd garen. Anschliessend leicht salzen. In der Zwischenzeit das Gemüse vorbereiten.

2 Ingwer in 2 EL heissem Kokosöl unter Rühren anschwitzen. Karotten zugeben und ca. 3 Min. anbraten. Mit Kurkuma bestäuben.

3 100 ml Wasser dazugeben, Mandelmus einrühren, die Sahne unterheben und die Sauce einmal kurz aufkochen lassen. Hitze reduzieren, die Zucchinistreifen dazugeben und 1 Min. köcheln lassen.

4 Anrichten, mit Pecannüssen bestreuen und zum Reis servieren.

 Zubereitungszeit: ca. 45 Min.   Portionen: 2

SCHNELLE GEMÜSEPFANNE
mit Glasnudeln

Zutaten

100 g Glasnudeln

200 g Hokkaido-Kürbis – waschen, Streifen schneiden

100 g roter Paprika – waschen, in Streifen schneiden

100 g Tofu Natur – mit einer Gabel zerbröseln

100 g Sojasprossen – spülen

Flüssige Zutaten und Gewürze:

200 ml Wasser

100 ml Kokosmilch

3 EL Kokosöl

3 EL Tamari

1 EL Kokosblütenzucker

1 EL fein gehackter Ingwer

1 TL Kurkumapulver

½ TL Chilipulver

Zubereitung

1   Die Glasnudeln 15 Min. in kaltem Wasser einweichen, abgiessen und mit einer Schere in etwa 15 cm lange Stücke schneiden.

2   In der Zwischenzeit Ingwer und Tofu in heissem Öl unter Rühren ca. 3 Min. goldbraun anbraten.

3   Kürbis- und Paprikastreifen dazugeben, 2 Min. anbraten, mit Kurkuma und Tamari würzen und mit 200 ml Wasser ablöschen. 3 Min. köcheln lassen.

4   Kokosmilch einrühren, aufkochen lassen und mit Salz, Pfeffer, Chili und Zucker sehr pikant abschmecken.

5   Schliesslich Glasnudeln und Sojasprossen unterheben und das Ganze so lange verrühren, bis die Sauce von den Nudeln fast vollständig aufgenommen wurde.

6   Nochmals abschmecken und anrichten.

Zubereitungszeit: ca. 30 Min.   Portionen: 2

BUNTE QUINOA
mit knackigem Gemüse

Zutaten

150 g bunte Quinoa – gründlich, heiss abspülen

100 g Wirsing – waschen, in dünne Streifen schneiden

100 g roter Paprika – waschen, sehr fein würfeln

100 g Tofu Natur – sehr fein würfeln

100 g Edamame – abspülen, abtropfen lassen

Flüssige Zutaten und Gewürze:

300 ml + 100 ml Wasser

100 ml Sojasahne

2 EL Kokosöl

1 EL Zitronensaft

1 TL Kurkuma

Zubereitung

1 Quinoa mit 300 ml Wasser und ½ TL Salz zum Kochen bringen, Hitze reduzieren und ca. 15 Min. köcheln lassen. Herd abschalten, Topf abdecken und 15 Min. ausquellen lassen. In der Zwischenzeit das Gemüse vorbereiten.

2 Das Öl in einer Pfanne erhitzen und den Tofu goldbraun anbraten. Wirsing und Paprika dazugeben, 3 Min. anbraten, mit Kurkuma würzen und verrühren.

3 Mit 100 ml Wasser ablöschen, Edamame einrühren und abgedeckt leicht köcheln lassen, bis der Wirsing gar und die Flüssigkeit fast eingekocht ist.

4 Quinoa unter das Gemüse heben, Sojasahne und Zitronensaft einrühren, gut vermengen und erhitzen. Mit Salz und Pfeffer abschmecken.

5 Anrichten.

 Zubereitungszeit: ca. 40 Min.  Portionen: 2

ASIATISCHES

Kartoffel-Wirsing-Gemüse

Zutaten

500 g Wirsing – Strunk würfeln; in Blätter schneiden

500 g festk. Kartoffeln – schälen, Scheiben schneiden

100 g Karotten – schälen, 2-mm-Scheiben schneiden

200 g Tomaten – waschen, 1,5-cm-Würfel schneiden

Flüssige Zutaten und Gewürze:

250 ml Kokosmilch

150 ml Wasser

5 EL Erdnussöl

1 EL fein gehackter Ingwer

2 TL Currypulver

2 TL Kurkumapulver

Zubereitung

1 3 EL Öl in einem Topf erhitzen und die Kartoffeln bei mittlerer Hitze ca. 4 Min. braten. Das restliche Öl in den Topf geben und Wirsing, Karotten und Ingwer ca. 3 Min. mitbraten.

2 Das Gemüse mit Curry und Kurkuma bestäuben, kurz verrühren und das Wasser einfüllen. Aufkochen lassen, Hitze reduzieren, den Topf abdecken und solange leicht köcheln lassen, bis das Gemüse gar ist.

3 Schliesslich mit Kokosmilch auffüllen, Tomatenwürfel zugeben und nochmals aufkochen lassen. Mit Salz und Pfeffer abschmecken und servieren.

 Zubereitungszeit: ca. 35 Min.    Portionen: 4

KÜRBISGEMÜSE IN KOKOSMILCH

an Baby-Kartoffeln

Zutaten

850 g Hokkaido Kürbis – waschen, Stücke schneiden

300 g Baby-Kartoffeln – waschen

100 g TK-Erbsen* – kurz über ein Sieb abspülen

Flüssige Zutaten und Gewürze:

250 ml Kokosmilch

200 ml Wasser

2 EL Kokosöl + 2 EL flüssiges Kokosöl

1 EL fein gehackter Ingwer

2 TL Kurkumapulver

1 Prise Chilipulver

1 Zweig Rosmarin – die Nadeln abzupfen

2 EL gehackter Koriander

Zubereitung

Den Backofen auf 180 Grad vorheizen.

1. Die Kartoffeln mit Schale 10 Min. kochen lassen, abgiessen und auf ein mit Backpapier ausgelegtes Backblech legen.

2. Das flüssige Kokosöl mit den Rosmarinnadeln in eine kleine Schale geben, salzen, gut verrühren und die Kartoffeln damit bepinseln. Für 10 Min. in den Backofen stellen.

3. Ingwer in 2 EL heissem Kokosöl unter Rühren 1 Min. anschwitzen, Kürbis dazugeben und ca. 2 Min. anbraten. Mit 200 ml Wasser ablöschen und 4 Min. leicht köcheln lassen. Der Kürbis sollte noch Biss haben!

4. Erbsen dazugeben, mit Kurkuma und Chili würzen und mit Kokosmilch auffüllen. Einmal aufkochen lassen und mit Salz und Pfeffer abschmecken.

5. Anrichten und mit Koriander bestreut servieren.

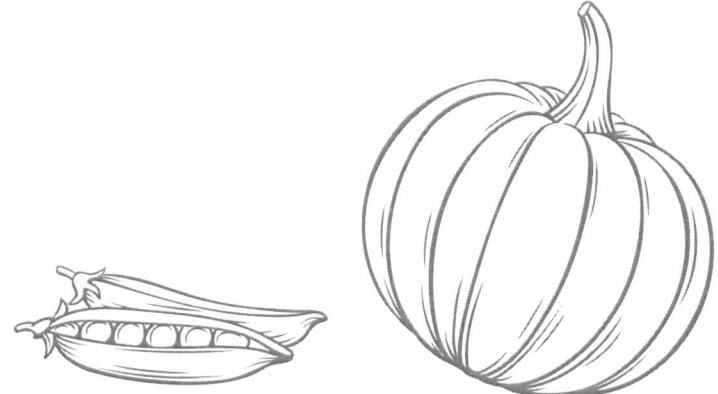

*TK = Tiefkühlware

 Zubereitungszeit: ca. 40 Min.    Portionen: 4

GEMÜSE-PAELLA

mit Algen ummanteltem Tofu

Zutaten

100 g Vollkorn-Basmatireis – gründlich spülen

100 g Weisskohl – waschen, in Streifen schneiden

100 g roter Paprika – waschen, würfeln

100 g grüne Bohnen – waschen, in Stücke schneiden

100 g Champignons – säubern, würfeln

100 g Tofu – 10 Stücke schneiden, mit Salz bestreuen

50 g Pinienkerne

1 Nori-Alge – in 10 Streifen

Flüssige Zutaten und Gewürze:

200 ml Wasser

200 ml Kokosmilch

3 EL Kokosöl

10 Safranfäden

8 g Kurkumawurzel – fein reiben

1 Prise Chilipulver

5 Zweige Thymian – Blätter fein hacken

½ Bund Petersilie – waschen, trocknen, fein hacken

Zubereitung

1. Weisskohl, Petersilie und Tymianblätter in 1 EL heissem Kokosöl 2 Min. unter Rühren anschwitzen. Mit Safran, Kurkuma, Chili und etwas Pfeffer würzen.
2. Reis, Paprikawürfel, Champignons und Pinienkerne dazugeben, kurz anschwitzen und leicht salzen.
3. Mit 200 ml Wasser ablöschen und die Kokosmilch einrühren. Einmal aufkochen lassen, die Hitze reduzieren, die Pfanne abdecken und ca. 15 Min. köcheln lassen. Sobald die ganze Flüssigkeit aufgesaugt ist, den Herd abschalten und weitere 10 Min. abgedeckt ziehen lassen.
4. In der Zwischenzeit die Algenstreifen in einer Schale mit Wasser bedecken und beiseite stellen.
5. Bohnen in 1 EL heissem Kokosöl ca. 3 Min. scharf anbraten. Sobald sie gar sind, unter den Gemüse-Reis heben und mit Salz, Pfeffer und Chili abschmecken.
6. Die Algenstreifen aus dem Wasser nehmen und je einen noch feuchten Streifen um die Tofustücke wickeln. Restliches Öl erhitzen und den Tofu goldbraun braten.
7. Zusammen mit der Gemüse-Paella anrichten.

HOKKAIDO-PÜREE

mit Pilz-Maronen

Zutaten

700 g Hokkaido-Kürbis – waschen, entkernen, würfeln

100 g Pfifferlinge – säubern, in Streifen schneiden

100 g Kräuterseitlinge – säubern, in Streifen schneiden

100 g Shiitake – säubern, in Streifen schneiden

100 g gekochte Maronen – halbieren

Flüssige Zutaten und Gewürze:

70 ml Sojamilch

5 EL Kokosöl

2 EL Tamari

1 TL Kurkuma

2 EL gehackte Petersilie

4 Stängel Thymian – waschen, Blätter abzupfen

2 Stängel Rosmarin – waschen, Nadeln hacken

Zubereitung

Den Backofen auf 180 Grad vorheizen.

1   Kürbiswürfel auf ein mit Backpapier ausgelegtes Blech legen, mit 2 EL Kokosöl beträufeln, mit Salz und Pfeffer würzen, Thymian unterheben und ca. 30 Min. im Ofen garen. Zwischenzeitlich die restlichen Zutaten vorbereiten.

2   70 ml Sojamilch mit ½ TL Kurkuma in einem kleinen Topf aufkochen und zusammen mit dem Kürbis in einem Mixer bei geschlossenem Deckel fein pürieren.

3   Restliches Kokosöl erhitzen und die Pilze darin goldbraun anschwitzen. Maronen und Rosmarin dazugeben und 2 Min. anschwitzen.

4   Tamari darüber träufeln und mit Salz, Pfeffer und ½ TL Kurkuma abschmecken.

5   Das Kürbispüree zusammen mit den Pilzen anrichten.

 Zubereitungszeit: ca. 50 Min.   Portionen: 2

PIKANTE GEMÜSEPFANNE

mit Tempeh

Zutaten

200 g bunte Quinoa – gründlich, heiss abspülen

200 g Tempeh – in Stücke schneiden

200 g grüne Bohnen – waschen, in Stücke schneiden

200 g Tomaten – waschen, Strunk entfernen

150 g längliche Aubergine – waschen, schneiden

150 g braune Champignons – säubern, vierteln

Füssige Zutaten und Gewürze:

400 ml Gemüsebrühe

200 ml Kokosmilch

100 ml Wasser

5 EL Erdnussöl

35 g mittelscharfe Chili – waschen

1 EL fein gehackter Ingwer

2 TL Kokosblütenzucker

2 TL Kurkumapulver

Zubereitung

1 Quinoa mit 400 ml Gemüsebrühe zum Kochen bringen, Hitze reduzieren und ca. 15 Min. köcheln lassen. Herd abschalten, Topf abdecken und 15 Min. ausquellen lassen.

2 Tomaten und Chili in einem Mixer fein pürieren, beiseite stellen.

3 Tempeh mit 3 EL Öl von allen Seiten goldbraun anbraten, herausnehmen und beiseite stellen.

4 Die Bohnen im restlichen Öl braten, bis sie gar sind, herausnehmen und beiseite stellen.

5 Auberginen, Champignons und Ingwer in der Pfanne ca. 2 Minuten anbraten, mit Kurkuma bestäuben und mit 100 ml Wasser ablöschen. Köcheln lassen, bis die Auberginen gar sind.

6 Kokosmilch und pürierte Tomaten einrühren und aufkochen lassen. Bohnen und Tempeh in die Sauce geben und 2 Min. erhitzen. Mit Salz, Pfeffer und Zucker abschmecken und abgedeckt warm halten.

7 Zusammen mit der Quinoa anrichten und servieren.

RIGATONI

mit Kräuterseitlingen und Gemüse

Zutaten

400 g Vollkorn-Dinkel-Rigatoni

400 g runde Auberginen – waschen, vierteln

200 g roter Paprika – in Streifen schneiden

150 g Kräuterseitlinge – säubern, evtl. halbieren

Flüssige Zutaten und Gewürze:

350 ml Wasser

200 ml Hafersahne

2 EL Erdnussöl

1½ EL weisses Mandelmus

1 EL Tamari

2 TL Kurkumapulver

2 EL gehackte Petersilie – zum Anrichten

Zubereitung

1. Rigatoni in gesalzenem Wasser etwa 8 Min. al dente kochen, abgiessen und beiseite stellen.
2. Auberginen in schmale Dreiecke schneiden.
3. Seitlinge 3 Min. in heissem Öl anbraten. Auberginen und Paprika dazugeben und 2 Min. anschwitzen. Mit Kurkuma und Tamari würzen.
4. Mit 350 ml Wasser ablöschen und ca. 3 Min. köcheln lassen, bis die Auberginen weich sind. Anschliessend salzen und pfeffern.
5. Mandelmus mit Hafersahne verrühren und über das Gemüse geben. Die Nudeln unterheben, alles gut vermengen und nochmals erhitzen, bis die Nudeln heiss sind.
6. Mit Salz und Pfeffer abschmecken, mit Petersilie bestreuen und anrichten.

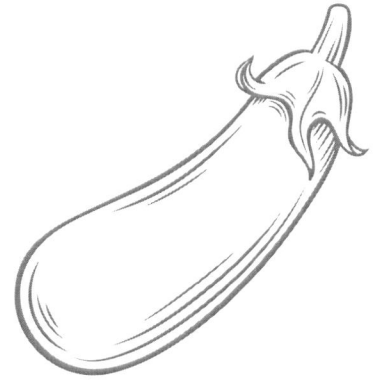

 Zubereitungszeit: ca. 40 Min.　　　Portionen: 4

BLUMENKOHL IN PETERSILIENSAUCE
an Hirse

Zutaten

900 g Blumenkohl – in kleine Röschen schneiden

200 g Hirse – gründlich spülen

Flüssige Zutaten und Gewürze:

600 ml Gemüsebrühe

250 ml Sojasahne

200 ml Wasser

3 EL Erdnussöl

2 EL Tamari

2 TL Kartoffelstärke – mit 2 EL Wasser verrühren

2 EL fein gehackter Ingwer

2 TL Kurkumapulver

1 Prise Chilipulver

60 g Petersilie – waschen, trocknen und hacken

Zubereitung

1 Die Hirse in der Gemüsebrühe kräftig aufkochen, Hitze reduzieren und ca. 15 Min. köcheln lassen. Herd abschalten, Topf abdecken und weitere 15 Min. quellen lassen.

2 10 Min. bevor die Hirse gar ist, die Petersilie in 3 EL Öl (ca. 150 Grad) unter Rühren kurz anschwitzen, herausnehmen und beiseite stellen.

3 Dann den Ingwer in der Pfanne anschwitzen, Blumenkohl dazugeben und mit Kurkuma und Chili bestäuben. Tamari darüber geben, gut verrühren und mit 200 ml Wasser auffüllen. Die Pfanne abdecken und das Gemüse 2 Min. kochen lassen.

4 Sojasahne angiessen, Kartoffelstärke einrühren, aufkochen lassen und mit Salz und Pfeffer abschmecken.

5 Die Petersilie unterheben und zusammen mit der Hirse anrichten.

 Zubereitungszeit: ca. 35 Min.   Portionen: 4

GEFÜLLTE TOMATEN

auf Linsenpüree

Zutaten

150 g rote Linsen – waschen, bis das Wasser klar ist

60 g Quinoa – gründlich spülen

4 grosse, festfleischige Tomaten

Flüssige Zutaten und Gewürze:

300 ml + 120 ml Gemüsebrühe

100 ml + 2 EL Kokosmilch

1 EL Kokosöl

1 TL Tomatenmark

2 EL Kokosflocken

1 EL Edelhefeflocken

2 TL Johannisbrotkernmehl

6 g Kurkumawurzel – waschen, fein reiben

5 g Ingwerwurzel – waschen, fein reiben

½ TL Kreuzkümmelpulver

½ TL Korianderpulver

1 Prise Chillipulver

1 TL fein gehackte Petersilie

1 TL fein gehackter Thymian

Zubereitung

Den Backofen auf 180 Grad vorheizen.

1   Quinoa mit 120 ml Gemüsebrühe und ½ TL Salz zum Kochen bringen, Hitze reduzieren und ca. 15 Min. köcheln lassen. Herd abschalten, Topf abdecken und 15 Min. ausquellen lassen.

2   Die Tomaten waschen, den Deckel abschneiden, das Fruchtfleisch mit einem Löffel herausnehmen und anderweitig verwenden.

3   Kokos- und Hefeflocken, Johannisbrotkernmehl, 2 EL Kokosmilch, Petersilie und Thymian unter die Quinoa-Masse heben, mit Salz kräftig abschmecken.

4   Die Masse in die ausgehöhlten Tomaten füllen, Deckel auflegen und für 30 Min. in den Backofen geben.

5   Ingwer und Kurkuma in 1 EL heissem Kokosöl unter Rühren anschwitzen. Tomatenmark einrühren, kurz anrösten und die Linsen dazugeben. Mit Kreuzkümmel und Koriander bestäuben und mit 300 ml Gemüsebrühe auffüllen. Die Linsen köcheln lassen, bis sie weich sind.

6   Schliesslich 100 ml Kokosmilch einrühren, einmal aufkochen lassen und mit Chilli, Salz und Pfeffer abschmecken.

7   Die Tomaten zusammen mit dem Linsenpüree anrichten.

 Zubereitungszeit: ca. 50 Min.   Portionen: 2

DINKEL-NUSS-TÜRMCHEN

an Gemüsesalat

Zutaten

Für die Türmchen (4 Stück):

120 g Vollkorn-Dinkelmehl

70 g Karotten – schälen, fein reiben

60 g Nussmischung – fein hacken

1 EL Pinienkerne

1 EL Haferflocken

1 EL Edelhefeflocken (Bioladen oder Reformhaus)

150 g Sojajoghurt

4 EL Kokosöl

30 g fein gehackte Petersilie

20 g fein gehacktes Basilikum

15 g Backpulver

½ TL Kurkuma

4 Metallringe (ø = 7 cm; Höhe = 5 cm)

Für den Gemüsesalat:

150 g Karotten – schälen, in 2-cm-Streifen schneiden

150 g Pastinaken – schälen, in 2-cm-Streifen schneiden

200 g Pak Choi – waschen

100 ml Wasser

2 EL Kokosöl

2 EL Zitronensaft

2 EL Tamari

1 EL fein gehackter Ingwer

½ TL Kurkumapulver

Zubereitung

Den Backofen auf 180 Grad vorheizen.

1 Pinienkerne, Hafer- und Hefeflocken mit ½ TL Salz in einem Mixer fein mahlen. Die Nüsse (z. B. weisse Mandeln, Kürbiskerne, Walnüsse etc.) in einer fettfreien Pfanne kurz rösten.

2 Alle Zutaten für die Türmchen mit einem Rührlöffel in einer Schüssel vermengen. Mit Salz und Pfeffer abschmecken, die Masse vierteln und je 1 Ring damit befüllen. Im Backofen 30-40 Min. backen, aus dem Ofen nehmen und an der Unterseite den Klopftest machen: Klingt es hohl, sind die Türmchen fertig.

3 Nach ca. 15 Min. den Salat zubereiten. Zunächst den weissen Teil vom Pak Choi abschneiden, dann beide Teile in 2 cm dicke Streifen schneiden.

4 Ingwer im Kokosöl kurz anbraten, Karotten und Pastinaken dazugeben und 3 Min. mitbraten.

5 Mit 100 ml Wasser ablöschen, Hitze reduzieren, abdecken und 4-5 Min. köcheln lassen.

6 Die weissen Pak-Choi-Streifen hinzufügen und 2 Min. mitkochen. Die grünen Streifen dazugeben und weitere 2 Min. köcheln.

7 Mit Kurkuma bestäuben, alles vermengen und in eine Salatschüssel umfüllen. Mit Tamari, Salz, Pfeffer und Zitronensaft abschmecken.

8 Zusammen mit den Türmchen anrichten.

Tipp: Der Gemüsesalat kann sowohl warm als auch kalt genossen werden.

 Zubereitungszeit: ca. 50 Min.   Portionen: 2

TOFU-RAVIOLI

mit erfrischendem Dip

Zutaten

250 g Vollkorn-Dinkelmehl

200 g Tofu Natur – mit den Händen zerbröseln

150 g Shiitakepilze – säubern, in Streifen schneiden

70 g roter Paprika – waschen, fein würfeln

Flüssige Zutaten und Gewürze:

1,5 Liter + 100 ml + 3 EL kaltes Wasser

4 EL Tamari

4 EL Kokosöl

80 g Sojaquark

2 EL Mandelmus

1 EL fein gehackter Ingwer

2 TL Kokosblütenzucker

1 TL Kurkumapulver

Für den Dip:

150 g Sojajoghurt

1 EL Zitronensaft

3 EL fein gehackte Petersilie

Zubereitung

1 Alle Zutaten für den Dip in einer Schüssel verrühren, mit Salz und Pfeffer abschmecken und beiseite stellen.

2 Das Mehl mit 1 TL Kurkuma, 1 TL Salz und 100 ml Wasser in eine Schüssel geben und mit den Händen zu einem glatten, festen Teig verarbeiten.

3 2 EL Kokosöl in einer Pfanne erhitzen, Ingwer unter Rühren kurz anschwitzen, Paprika und Shiitake dazugeben und 5 Min. anbraten. Mit 3 EL Wasser ablöschen und vermengen.

4 Den Quark in die Pfanne geben, kurz erhitzen und Mandelmus, Tamari und Zucker einrühren. 2 Min. leicht köcheln lassen, mit Salz und Pfeffer abschmecken.

5 Den Teig auf einer mit Mehl bestäubten Arbeitsfläche 2 mm dünn ausrollen und gleichmässig grosse Kreise ausstechen. Je 1 gehäuften TL des Pfanneninhalts auf den Teig geben und mittig zusammenklappen. Die offene Seite zum Verschliessen mit einer Gabel eindrücken und die Ravioli mit etwas Mehl bestäuben.

6 1,5 Liter Wasser in eine hohe, breite Pfanne füllen, salzen und aufkochen lassen. Die Ravioli darin 5 Min. köcheln, herausnehmen und abtropfen lassen.

7 Das restliche Öl in einer Pfanne erhitzen und die Ravioli von beiden Seiten goldbraun braten.

8 Anrichten und zusammen mit dem Dip servieren.

Tipp: Je breiter die Pfanne oder der Topf ist, umso weniger haften die Ravioli aneinander.

Zubereitungszeit: ca. 50 Min.   Portionen: 2

GEMÜSE-CURRY
mit Basmatireis

Zutaten

200 g Vollkorn-Basmatireis – gründlich spülen

250 g Kartoffeln – in Würfel schneiden

200 g Blumenkohl – in Röschen teilen

120 g grüne Bohnen – waschen, Stücke schneiden

120 g Karotten – in dünne Scheiben schneiden

100 g ungesalzene Cashewkerne

Flüssige Zutaten und Gewürze:

500 + 400 ml Wasser

2 EL Kokosöl

2 TL geriebener Ingwer

2 TL Korianderpulver

2 TL Kurkumapulver

1 TL Garam masala

¼ TL Muskatnuss

1 Prise Chilipulver

2 EL gehackter Koriander

Zubereitung

1 Den Reis mit 500 ml Wasser aufkochen lassen, Hitze reduzieren, abdecken und ca. 40 Min. leicht köchelnd garen. Anschliessend leicht salzen.

2 In der Zwischenzeit 70 g Cashewkerne mit 150 ml Wasser im Mixer pürieren.

3 Das Kokosöl in einem breiten Topf erhitzen. Kartoffeln und Bohnen ca. 3 Min. anbraten, Karotten, die restlichen Cashews und Ingwer zugeben und 2 Min. unter Rühren anschwitzen.

4 Mit Koriander, Kurkuma, Garam masala, Muskat und Chili würzen und mit 400 ml Wasser auffüllen. 3 Min. köcheln lassen.

5 Den Blumenkohl dazugeben und weitere 3 Min. köcheln lassen. Die Cashewcreme einrühren, aufkochen lassen und mit Salz abschmecken.

6 Mit Koriander bestreuen und anrichten.

 Zubereitungszeit: ca. 45 Min.    Portionen: 4

KARTOFFEL-GRATIN

mit Blumenkohl und Nuss-Parmesan

Zutaten

700 g Kartoffeln – schälen, 3-mm-Scheiben schneiden

700 g Blumenkohl – in gleichgrosse Röschen teilen

16 Cherrytomaten – waschen, halbieren

3 EL Vollkorn-Dinkelmehl

Flüssige Zutaten und Gewürze:

200 ml Hafersahne

100 ml Wasser

2 EL Kokosöl + 2 EL flüssiges Kokosöl

1 EL geriebener Ingwer

1 EL Currypulver

2 TL Kurkumapulver

1 Prise Muskatnuss

½ Bund Koriander – waschen, trocknen, fein hacken

Für den Nuss-Parmesan:

1 EL Pinienkerne

1 EL Haferflocken

1 EL Edelhefeflocken

Zubereitung

Den Backofen auf 200 Grad vorheizen.

1 Ingwer und Kartoffeln in 2 EL heissem Kokosöl 2 Min. anbraten, mit 1 TL Kurkuma bestäuben und mit 100 ml Wasser ablöschen. Mit Muskat, Salz und Pfeffer würzen und 5 Min. köcheln lassen (Kartoffeln sollten noch nicht gar sein).

2 Mit Hafersahne auffüllen, einmal aufkochen lassen, abschmecken und in eine Gratin-Form füllen.

3 Das Dinkelmehl mit Curry, 1 TL Kurkuma, Salz und Pfeffer vermengen; die Blumenkohl-Röschen mit flüssigem Kokosöl beträufeln und im gewürzten Mehl wälzen. Auf ein Backblech geben, 25 Minuten im Ofen backen und die Kartoffeln nach 15 Min. dazustellen.

4 Zwischenzeitlich alle Zutaten für den Nuss-Parmesan vermengen und fein mixen.

5 Nach 25 Min. alles aus dem Ofen nehmen, die Tomatenhälften unter den Blumenkohl heben und mit Koriander bestreuen. Das Kartoffelgratin mit der Nuss-Parmesan-Mischung bestreuen und anrichten.

TOFU MIT GEMÜSE

in pikanter Sauce

Zutaten

200 g Vollkorn-Basmatireis – gründlich spülen

350 g Tofu – ca. 2-cm-Würfel schneiden

150 g Tomaten – waschen, häuten, grob hacken

250 g grüne Bohnen – waschen, in Stücke schneiden

Flüssige Zutaten und Gewürze:

500 ml + 100 ml Wasser

250 ml Kokosmilch

4 EL Kokosöl

2 TL Koriander gemahlen

2 TL Kurkumapulver

½ TL Chilipulver

½ TL Garam masala

2 TL Kokosblütenzucker

2 Lorbeerblätter

1 frisches Kaffir-Limettenblatt*

2 TL geriebener Ingwer

2 EL gehackter Koriander

Zubereitung

1   Den Reis mit 500 ml Wasser aufkochen lassen, Hitze reduzieren und ca. 40 Min. leicht köchelnd garen. Anschliessend leicht salzen.

2   1 EL Kokosöl in einer hohen Pfanne erhitzen, den Tofu von allen Seiten goldbraun anbraten, aus der Pfanne nehmen und beiseite stellen.

3   Im restlichen Öl die Bohnen 3 Min. scharf anbraten. Dann Lorbeerblätter, Limettenblatt, Ingwer, Kurkuma, Chili und Garam masala unter Rühren 1 Min. anschwitzen.

4   Tofu und Tomaten dazugeben, mit 100 ml Wasser ablöschen. Kokosmilch einrühren, einmal aufkochen lassen und mit Salz und Zucker abschmecken.

5   Mit Koriander bestreuen und zum Basmatireis servieren.

*wird in Lebensmittelgeschäften zusammen mit Zitronengras-Stängeln angeboten oder im Asia-Laden. Alternativ getrocknete Blätter verwenden.

 Zubereitungszeit: ca. 45 Min.    Portionen: 4

GRÜNKERNBRATLINGE
auf Karotten-Ingwer-Gemüse

Zutaten

350 g Karotten – 100 g würfeln; 250 g Stifte schneiden

150 g Sellerie – waschen, schälen, würfeln

60 g geschroteter Grünkern

40 g Hirsemehl

30 g fein gemahlener Leinsamen

5 EL Haferflocken

2 EL Sesamsamen

Flüssige Zutaten und Gewürze:

300 ml + 150 ml Wasser

160 ml Hafersahne

4 EL Kokosöl

1 EL Bio Margarine

1 EL Tamari

1 Bio Limette – waschen, 1 EL Saft; 1 EL Schalenabrieb

1 EL Kokosblütenzucker

5 g Johannisbrotkernmehl

1 rote Chilischote – waschen, halbieren, entkernen

6 g Kurkumawurzel – waschen, fein reiben

5 g Ingwerwurzel – waschen, fein reiben

1 EL fein gehackter Dill

1 EL fein gehackter Koriander

Zubereitung

1 Den Grünkern in einem fettfreien Topf rösten, bis er zu duften beginnt. 100 g Karotten- und Selleriewürfel dazugeben, mit 150 ml Wasser ablöschen und kurz aufkochen lassen. Hitze reduzieren und ca. 20 Min. weiterköcheln lassen. Topf vom Herd nehmen und den Grünkern auskühlen lassen.

2 Die ausgekühlte Masse mit Leinsamen- und Hirsemehl, 3 EL Haferflocken, Sesam und Johannisbrotkernmehl im Mixer pürieren. Mit Tamari, Salz und Pfeffer kräftig abschmecken.

3 Zwischenzeitlich den Backofen auf 70 Grad vorheizen. Aus der Grünkern-Masse 4 Bratlinge formen und in den restlichen Haferflocken wälzen. In 2 EL heissem Kokosöl anbraten und zum Warmhalten in den Backofen stellen.

4 Kurkuma, Ingwer und Chili im restlichen Öl unter Rühren anschwitzen, mit Kokosblütenzucker bestäuben, die Margarine dazugeben und unter Rühren auflösen.

5 Karotten in die Pfanne geben und anschwitzen. Mit 300 ml Wasser auffüllen und etwa 5 Min. leicht köcheln lassen.

6 Limettensaft, -abrieb und Zucker dazugeben, die Sahne angiessen und 4-5 Min. leicht köcheln lassen, bis die Karotten schön gebunden sind. Mit Salz und Pfeffer abschmecken und mit Dill und Koriander bestreuen.

7 Anrichten.

 Zubereitungszeit: ca. 60 Min.   Portionen: 2

GEBRATENE REISNUDELN
mit Gemüse und Tofu-Spiessen

Zutaten

150 g dünne Reisnudeln

100 g roter Paprika – waschen, in Streifen schneiden

100 g Karotten – waschen, in Stifte schneiden

100 g Weisskohl – waschen, in Streifen schneiden

100 g Sojasprossen – gründlich spülen

100 g Räuchertofu – in kleine Würfel schneiden

2 Holzspiesse

Flüssige Zutaten und Gewürze:

5 EL Wasser

5 EL Tamari

4 EL Kokosöl

1 EL Zitronensaft

1 EL fein gehackter Ingwer

1 TL Kurkumapulver

½ TL Currypulver

1 TL Kokosblütenzucker

Zubereitung

1   Die Nudeln 30 Min. in kaltem Wasser einweichen, über ein Sieb abgiessen und abtropfen lassen. In der Zwischenzeit das Gemüse vorbereiten.

2   Ingwer in 3 EL heissem Kokosöl unter Rühren anschwitzen. Karotten, Paprika und Weisskohl dazugeben und 3 Min. unter Rühren anbraten.

3   Nudeln zum Gemüse in die Pfanne geben. Mit Kurkuma, Curry und Zucker bestäuben; mit Tamari, Zitronensaft und Wasser ablöschen und weiterbraten, bis die Flüssigkeit verdampft ist.

4   Sojasprossen unterheben, kurz erhitzen, mit Salz und Pfeffer abschmecken und abgedeckt warm halten.

5   Die Tofuwürfel im restlichen Kokosöl von allen Seiten anbraten, auf Holzspiesse stecken und anrichten.

 Zubereitungszeit: ca. 40 Min.    Portionen: 2

GEMÜSEPFANNE

mit Kichererbsen in cremiger Sauce

Zutaten

50 g Hirse – gründlich spülen

150 g gekochte Kichererbsen – gründlich spülen

100 g Kaiserschoten – waschen, halbieren

70 g TK-Erbsen – kurz abspülen

1 Fleischtomate – häuten, in Streifen schneiden

je ½ roter + gelber Paprika – in Streifen schneiden

1 mittelgrosse Schalotte – fein würfeln

Flüssige Zutaten und Gewürze:

250 ml Wasser

150 ml Gemüsebrühe

50 ml Sahne

2 EL Olivenöl

3 TL Tamari

1 TL Zitronensaft

2 TL Tomatenmark

1 TL Kurkumapulver

½ TL Currypulver

½ TL Fenchelsamen

1 Prise Chilipulver

6 Stängel Koriander – waschen, fein hacken

Zubereitung

1. Die Hirse in Gemüsebrühe kräftig aufkochen lassen, Hitze stark reduzieren und abgedeckt ca. 15 Min. leicht köcheln lassen. Herd abschalten und weitere 15 Min. quellen lassen.

2. In der Zwischenzeit die Schalottenwürfel in heissem Olivenöl glasig dünsten. Mit Kurkuma, Curry und Fenchelsamen bestreuen und kurz anschmoren. Paprikastreifen dazugeben und 1 Min. schmoren lassen. Mit 1 TL Tamari beträufeln, mit Wasser auffüllen und 2 Min. köcheln lassen.

3. Tomatenmark einrühren, die Kichererbsen, Erbsen und Kaiserschoten dazugeben und weitere 3 Min. leicht köcheln lassen. Sahne einrühren, Tomatenwürfel unterheben und nochmals aufkochen lassen.

4. Mit dem restlichen Tamari, Zitronensaft, Chili, Salz und Pfeffer abschmecken.

5. Mit Koriander bestreuen und zusammen mit der Hirse anrichten.

HERBSTLICHES
Gemüse-Potpourri

Zutaten

400 g Hokkaido-Kürbis – waschen, entkernen, würfeln

200 g festkochende Kartoffeln – schälen, würfeln

200 g Pastinaken – schälen, würfeln

100 g Tempeh – vierteln

100 g vorgegarte Maronen

10 Rosenkohl-Röschen – putzen, halbieren

Flüssige Zutaten und Gewürze:

300 ml Hafersahne

150 ml Wasser

4 EL Kokosöl

2 mittelscharfe Chilis – waschen, Ringe schneiden

1 EL fein gewürfelter Ingwer

2 TL Garam masala

2 TL Kurkumapulver

½ Bund Koriander – waschen, grob hacken

Zubereitung

1 2 EL Kokosöl in einem Topf erhitzen. Ingwer und Chilis bei mittlerer Hitze unter Rühren anschmoren, Kartoffeln und Pastinaken dazugeben, alles gründlich vermengen und 3 Min. braten lassen.

2 Mit Kurkuma, Garam masala, Salz und Pfeffer würzen und mit 150 ml Wasser ablöschen. Den Topf abdecken und bei mittlerer Hitze 15 Min. köcheln lassen.

3 Kürbis und Rosenkohl dazugeben, mit Hafersahne auffüllen und weitere 10 Min. köcheln lassen.

4 Tempeh im restlichen Kokosöl von allen Seiten scharf anbraten und beiseite stellen.

5 Sobald das Gemüse gar ist, Tempeh und Maronen unterheben, erhitzen und nochmals abschmecken.

6 Mit Koriander bestreut servieren.

Die 7-Tage-Kurkuma-Kur

Viele Rezepte enthalten Kurkuma – aber nicht genug, um langfristig auch in den Genuss der positiven Eigenschaften der gelben Wurzel zu gelangen. Denn das Minimum liegt bei 3 bis 5 Gramm Kurkuma pro Tag. Erst ab dieser Dosis können Sie mit den spezifischen gesundheitlichen Auswirkungen der Kurkumawurzel rechnen. Besser jedoch ist der kurweise Einsatz höherer Mengen von etwa 6 bis 8 Gramm Kurkuma pro Tag.

Würde man nun in eine einzige Mahlzeit die gesamte Tagesdosis Kurkuma geben, dann könnten Sie das Gericht kaum noch mit Genuss verspeisen. Es würde sehr stark nach Kurkuma und somit deutlich bitter schmecken. Daher haben wir unsere 7-Tage-Kurkuma-Kur entwickelt. Diese vereint mehrere Vorteile gleichzeitig:

- Sie lernen jeden Tag drei neue köstliche Kurkuma-Rezepte kennen (jeweils für zwei Personen).
- Diese drei Rezepte versorgen Sie mit einer ausreichend hohen Kurkuma-Dosis.
- Die tägliche Kurkuma-Dosis wird auf drei Mahlzeiten aufgeteilt, so dass nie ein Gericht allein übermässig viel Kurkuma enthält. Da Kurkuma sowieso am besten über den Tag verteilt eingenommen werden sollte, ist diese Vorgehensweise optimal.
- Damit Sie sich langsam an eine höhere Kurkuma-Menge gewöhnen können, beginnt die Kurkuma-Kur in den ersten Tagen mit 5 bis 6 Gramm Kurkuma pro Tag und steigert sich dann in den letzten Tagen auf jeweils 8 bis 8,5 Gramm Kurkuma.

Während der 7-Tage-Kurkuma-Kur können Sie die angegebenen Mahlzeiten jederzeit ergänzen. Wenn beispielsweise zum Frühstück ein Smoothie vorgeschlagen wird und Sie davon nicht satt werden, dann können Sie den Smoothie natürlich zusätzlich zu Ihrem gewohnten Frühstück trinken. Ist eine Suppe am Abend für Sie zu wenig, dann essen Sie sie einfach als Vorspeise.

Die Kurkuma-Kur kann problemlos auf 14 Tage ausgedehnt werden. Beginnen Sie in diesem Fall nach Tag 7 einfach wieder bei Tag 1. Selbstverständlich können Sie auch nach der Kurkuma-Kur weiterhin die vorgestellten Rezepte in Ihren Speiseplan einbauen.

Wir empfehlen, vor Beginn der Kurkuma-Kur über einen Zeitraum von ein bis zwei Wochen schon einmal mit einzelnen Kurkuma-Rezepten aus unserem Buch zu experimentieren. Auf diese Weise kann sich Ihr Organismus mit Hilfe kleiner Kurkuma-Mengen in aller Ruhe an die Kurkuma-Wirkung gewöhnen.

Wir wünschen Ihnen viel Freude beim Kochen sowie ganz viel Erfolg in gesundheitlicher Hinsicht!

Wichtiger Hinweis zur Kur

Kurkuma zählt zu den blutgerinnungshemmenden und gefässschützenden Gewürzen. Doch gerade diese Besonderheit könnte für Menschen, die auf die Einnahme von blutverdünnenden Medikamenten angewiesen sind, problematisch werden. Daher sollten sie sicherheitshalber nicht an der Kurkuma-Kur teilnehmen, denn hier wird in den Rezepten morgens, mittags und abends Kurkuma verwendet. Der Verzehr einzelner Kurkuma-Gerichte hingegen ist möglich, da die verwendeten Kurkumamengen im Vergleich dazu sehr gering sind.

Wochenübersicht

1. Tag - 5,5 g Kurkuma

· Milchreis mit roten Birnen
· Pikanter Blumenkohl
· Rote-Linsen-Reissuppe

2. Tag - 6,0 g Kurkuma

· Glücksfrühstück
· Gemüse-Pilzpfanne mit Buchweizen
· Rollgerstensuppe

3. Tag - 7,0 g Kurkuma

· Immun-Booster-Frühstück
· Kichererbsen-Curry
· Stoffwechselanregende Gemüsesuppe

4. Tag - 7,5 g Kurkuma

· Immun-Booster-Frühstück
· Pak Choi an Linsen-Kartoffelpüree
· Stoffwechselanregende Gemüsesuppe

5. Tag – 8,0 g Kurkuma

- Frühstücks-Smoothie
- Süsskartoffel-Paprika-Gemüse mit Tofu
- Buchweizen-Gemüse-Eintopf

6. Tag – 8,5 g Kurkuma

- Frühstücks-Smoothie
- Grünkern-Gemüsepfanne mit Shiitake
- Darmaufbauende Reissuppe

7. Tag – 8,0 g Kurkuma

- Veganes Rührei auf Dinkelbrot
- Pikante Bratkartoffeln mit Spinat
- Darmaufbauende Reissuppe

FRÜHSTÜCK

Immun-Booster Seite 85

MILCHREIS
mit roten Birnen

Zutaten

120 g Vollkorn-Risottoreis

150 g Birne – waschen, halbieren und entkernen

Flüssige Zutaten und Gewürze:

400 ml Mandelmilch

400 ml roter Traubensaft

10 g Kokosblütenzucker

1/3 TL (1 g) Kurkumapulver

1 Sternanis

½ Vanilleschote

½ Zimtstange

2 Minzblätter zur Deko

Zubereitung

1 Die Mandelmilch erhitzen, den Reis mit dem Kokosblütenzucker unter ständigem Rühren dazugeben. Bei mittlerer Hitze und gelegentlichem Rühren ca. 45 Min. oder bis zur gewünschten Konsistenz weichkochen.

2 In der Zwischenzeit die Birnenhälften im Traubensaft, zusammen mit der Zimtstange und dem Sternanis, weichkochen. Anschliessend in Fächer schneiden und beiseite stellen. Sternanis und Zimtstange entfernen und den Saft pur geniessen.

3 Den Milchreis auf 2 Schüssel verteilen, mit den Birnenfächern belegen und mit einem Minzblatt garniert servieren.

Tipp: Den Milchreis können Sie sowohl kalt als auch warm geniessen.

GLÜCKSFRÜHSTÜCK

Zutaten

2 TL weisses Mandelmus

85 g Buchweizenmehl

500 ml Mandelmilch

Gewürze:

1 TL Kurkumapulver (3 g)

½ TL Kardamompulver

½ TL Vanillepulver

½ TL geriebener Ingwer

1 TL Yaconsirup

1 Prise Salz

Für das Topping:

6 Pecannüsse – grob hacken

1 EL geschälte Hanfsamen

1 EL Gojibeeren

1 EL Cranberrys (oder 2 entsteinte Datteln)

1 Zweig frische Minze – Blätter fein hacken

Zubereitung

1   Das Buchweizenmehl in einen Topf geben und fettfrei anrösten. Mit Mandelmilch ablöschen und unter ständigem Rühren aufkochen lassen.

2   Die Gewürze dazugeben, die Hitze reduzieren und 7-8 Min. leicht köcheln lassen. Ab und zu umrühren. Das Mandelmus einrühren, probieren und gegebenenfalls nachwürzen.

3   Den Brei in Teller oder Müslischalen füllen, Pecannüsse, Gojibeeren, Cranberrys und Minzeblätter darauf verteilen und mit Hanfsamen bestreut servieren.

Tipp: Der Brei schmeckt warm, direkt nach der Zubereitung, am besten.

IMMUN-BOOSTER

Frühstück

Zutaten

2 EL feine Vollkorn-Dinkel-Haferflocken

2 EL Kürbiskerne

2 EL Sonnenblumenkerne

2 TL Leinsamen

1 kleiner, reifer, süsser Apfel – waschen

2 EL getrocknete Gojibeeren oder Cranberrys

2 EL weiche Rosinen oder 2 entsteinte Datteln

1 TL Kokosflocken

1 TL weisses Mandelmus

Flüssige Zutaten und Gewürze:

150 ml abgekochtes, heisses Wasser

Saft einer süssen, reifen Orange

2 EL Leinöl

1 Spritzer Limettensaft

5 g Ingwerwurzel – waschen und reiben

5 g Kurkumawurzel – waschen und reiben

½ TL Kardamompulver

1 Prise Zimtpulver

1 Prise Salz

1 Prise schwarzer Pfeffer

Zubereitung

1 Die Zutaten von Haferflocken bis Leinsamen zusammen mit Ingwer und Kurkuma in einem leistungsstarken Mixer 3-4 Sek. mixen. Die entstandene Masse sollte nun etwas faserig sein.

2 In eine Schüssel füllen, das heisse Wasser darüber giessen und mit einem Löffel kräftig verrühren. Orangensaft, Limettensaft und Leinöl dazugeben und noch einmal gut verrühren. Das Mandelmus einrühren, den Apfel hineinreiben und zügig unterheben.

3 Zum Schluss Gojibeeren oder Cranberrys, Rosinen und Kokosflocken unterheben. Mit Zimt, Kardamom, Salz und Pfeffer abschmecken.

4 Portionsweise in zwei Müslischalen oder Frühstücksgläser füllen.

Zubereitungszeit: ca. 20 Min.　　　Portionen: 2

FRÜHSTÜCKS-SMOOTHIE

Zutaten

200 g Birne – waschen, vierteln und entkernen

180 g Karotten – waschen, in Stücke schneiden

120 g roter, süsser Apfel – waschen, halbieren

80 g Stangensellerie – waschen, Stücke schneiden

3 g Ingwerwurzel – waschen, schälen

5 g Kurkumawurzel – waschen und schälen

Flüssige Zutaten und Gewürze:

200 ml Wasser

1 EL Zitronensaft

1 TL weisses Mandelmus

1 Prise Vanillepulver

1 Prise Kardamompulver

1 Prise schwarzer Pfeffer

Zubereitung

1 Das Wasser in einen leistungsstarken Mixer füllen, alle weiteren Zutaten - ausser die Gewürze - dazugeben und ca. 2 Min. kräftig mixen. Mit Vanille, Kardamom und Pfeffer abschmecken.
2 Portionsweise in Gläser füllen und geniessen.

VEGANES RÜHREI
auf Dinkelbrot

Zutaten

200 g Tofu Natur – mit einer Gabel zerkrümeln

1 Tomate – waschen, Strunk entfernen, würfeln

1 Frühlingszwiebel – waschen, in Ringe schneiden

1 kleine Knoblauchzehe – schälen und pressen

Flüssige Zutaten und Gewürze:

1 EL Olivenöl

1 TL Kurkumapulver (3 g)

1 TL geriebener Ingwer

Kristallsalz

Schwarzer Pfeffer aus der Mühle

2 Zweige Basilikum – Blätter fein hacken

Zubereitung

1 Das Olivenöl in einer Pfanne erhitzen. Frühlingszwiebel, Knoblauch und Ingwer unter Rühren andünsten, Tofu und Tomaten unterheben und etwa 2 Min. darin anbraten.

2 Mit Salz und Pfeffer abschmecken, mit Basilikum garnieren und zu einer Scheibe Dinkelbrot servieren.

Tipp: Schmeckt z. B. auch als Füllung für mexikanische Tortillas (dann eine halbe, fein gehackte rote Chilischote dazugeben).

MITTAGESSEN

Grünkern-Gemüsepfanne mit Shiitake Seite 94

PIKANTER BLUMENKOHL

im Ofen gebacken

Zutaten

1 Blumenkohl ca. 700 g – putzen, in Röschen teilen

Flüssige Zutaten und Gewürze:

1,5 Liter Gemüsebrühe

250 ml Soja- oder Hafersahne

2 EL flüssiges Kokosöl

½ rote Chilischote – in feine Ringe schneiden

8 g Ingwerwurzel – fein reiben

1 TL Kurkumapulver – leicht gehäuft (4 g)

1 TL Currypulver

1 TL Fenchelsamen

1 TL schwarze Senfsamen

2 EL Mandelblättchen

½ Bund Koriander – die Blätter fein hacken

Zubereitung

Den Backofen auf 180 Grad vorheizen.

1 Gemüsebrühe in einem Topf aufkochen. Den Blumenkohl darin ca. 5 Min. köcheln lassen, über ein Sieb abgiessen und gut abtropfen lassen.

2 In der Zwischenzeit das Öl in der Auflaufform verteilen. Fenchel- und Senfsamen, Salz und Pfeffer dazugeben und verrühren. Den Blumenkohl in die Form geben, mit den Gewürzen vermengen und im Backofen 20 Min. garen.

3 Währenddessen Kurkuma und Curry in einer fettfreien Pfanne langsam anrösten. Ingwer und Chiliringe dazugeben, unter Rühren kurz anschwitzen, mit Sahne auffüllen, aufkochen lassen und vom Herd nehmen. Mit Salz und Pfeffer abschmecken.

4 Den Blumenkohl nach Garende aus dem Ofen nehmen, mit der Sahnesauce übergiessen und mit Mandelblättchen bestreuen. Nochmals 5 Min. in den Ofen stellen, herausnehmen, etwas abkühlen lassen und mit Koriander bestreut servieren.

GEMÜSE-PILZPFANNE
mit Buchweizen

Zutaten

200 g Buchweizen – waschen, abtropfen lassen

200 g gemischte Pilze – säubern, vierteln

1 Frühlingszwiebel – waschen, in Streifen schneiden

1 grosse, feste Tomate – waschen, vierteln, entkernen

2 Schalotten – schälen, fein würfeln

Flüssige Zutaten und Gewürze:

500 ml Wasser

4 EL Kokosöl

6 g Kurkumawurzel – waschen, fein reiben

1 EL geröstete Cashewkerne

½ Bund Petersilie – fein hacken

Zubereitung

1 Buchweizen und Schalotten in einem Topf mit 2 EL Kokosöl anschwitzen. Mit 450 ml Wasser aufgiessen und abgedeckt 20 Min. leicht köcheln lassen. Dann salzen und abgedeckt warm halten.

2 In der Zwischenzeit das Fruchtfleisch der Tomate von der Haut abschneiden, fein würfeln und beiseite stellen.

3 2 EL Kokosöl in einer Pfanne erhitzen und die Pilze unter Rühren 5 Min. anbraten.
Frühlingszwiebel, Tomatenwürfel und Kurkuma dazugeben, verrühren und ca. 1 Min. mit anbraten. Mit Salz und Pfeffer abschmecken, die Petersilie unterheben und die Hitze abstellen.

4 Den Buchweizen mit dem Pilz-Gemüse anrichten und mit Cashews garniert servieren.

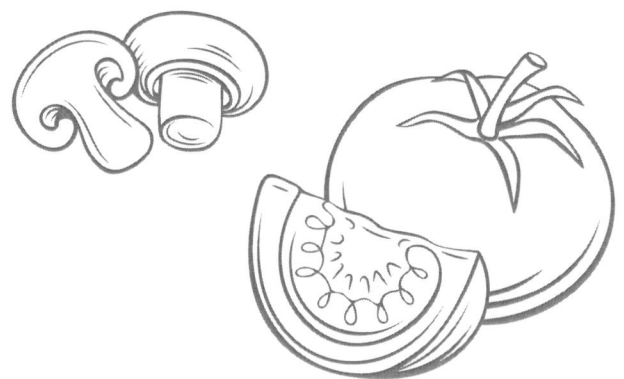

Zubereitungszeit: ca. 35 Min.   Portionen: 2

KICHERERBSEN
Curry

Zutaten

250 g gekochte Kichererbsen – gründlich spülen

100 g gelber Paprika – waschen, würfeln

60 g roter Paprika – waschen, würfeln

50 g Karotten – 25 g würfeln, Rest in Stifte schneiden

2 Schalotten – schälen, würfeln

1 Knoblauchzehe – schälen und pressen

Flüssige Zutaten und Gewürze:

120 ml Mandelmilch

100 ml Wasser

3 EL Erdnussbutter oder Mandelpüree

2 EL Kokosöl

Saft einer halben Limette

10 g Ingwerwurzel – waschen, fein reiben

1 TL Kurkumapulver – leicht gehäuft (4 g)

½ TL Kreuzkümmelpulver

½ TL Korianderpulver

1 Prise Kardamompulver

1 Prise Chillipulver

4 Stängel Koriander - fein hacken

Zubereitung

1 Das Öl in einer Pfanne erhitzen. Schalotten, Knoblauch und Ingwer darin anschwitzen. Paprika- und Karottenwürfel dazugeben und ebenfalls anschwitzen. Mit 100 ml Wasser ablöschen, Erdnussbutter einrühren und alles gut miteinander vermengen.

2 Mit den Gewürzen bestäuben und die Milch angiessen. Kichererbsen dazugeben und 15-20 Min. leicht köcheln lassen. Mit Salz, Pfeffer und Limettensaft abschmecken, anrichten und mit Koriander bestreut servieren.

Tipp: Sie können das Curry auch mit einer kleinen Portion Vollkorn-Basmatireis geniessen.

PAK CHOI

an Linsen-Kartoffelpüree

Zutaten

2 Baby Pak Choi – waschen, halbieren

150 g Kartoffeln – waschen, schälen, halbieren

150 g rote Linsen – abspülen, bis das Wasser klar ist

1 Knoblauchzehe – schälen und reiben

Flüssige Zutaten und Gewürze:

500 ml Wasser

250 ml Gemüsebrühe

50 ml Hafersahne

3 EL Kokosöl

1 EL Tamari

1 EL Tomatenmark

10 g Ingwerwurzel – fein reiben

5 g Kurkumawurzel – fein reiben

½ TL Chiliflocken

1 Prise Kreuzkümmelpulver

1 Prise Korianderpulver

1 EL gerösteter Sesam

Zubereitung

1   Kartoffeln in leicht gesalzenem Wasser 15-20 Min. garen, vom Herd nehmen, durch eine Kartoffelpresse drücken oder fein stampfen. Abgedeckt warm halten.

2   Rote Linsen in Gemüsebrühe 15 Min. köcheln und über ein Sieb abgiessen. Die Brühe aufbewahren.

3   2 EL Kokosöl in einem Topf erhitzen. Knoblauch, Kurkuma und die Hälfte des Ingwers andünsten. Tomatenmark und Hafersahne in einer kleinen Schüssel verrühren und zu den Gewürzen geben. Die gegarten Linsen unterrühren, einmal aufkochen lassen und mit einem Pürierstab zu einer cremigen Masse verarbeiten.

4   Die gepressten Kartoffeln unter die Linsencreme heben, mit Chili, Kreuzkümmel, Koriander, Salz und Pfeffer abschmecken. Den Herd abschalten und das Püree abgedeckt warm halten.

5   Das restliche Öl in eine Pfanne geben, den restlichen Ingwer anschwitzen, den Pak Choi dazugeben und von beiden Seiten kräftig anbraten. Mit Tamari ablöschen, mit 100 ml Gemüsebrühe angiessen und leicht köcheln lassen, bis das Gemüse gar ist.

6   Mit Salz und Pfeffer abschmecken, anrichten, mit Sesam bestreuen und zum Linsen-Kartoffelpüree servieren.

SÜSSKARTOFFEL-PAPRIKA-GEMÜSE
mit Tofu

Zutaten

350 g Süsskartoffeln – schälen, würfeln

240 g gelber Paprika – waschen, würfeln

150 g Tofu – würfeln

1 kleine Chilischote – waschen, halbieren

60 g geröstete Cashewkerne

Flüssige Zutaten und Gewürze:

200 ml passierte Tomaten

100 ml Kokosmilch

70 ml Sojasahne

2 EL Kokosöl

1 EL Limettensaft

2 TL Tomatenmark – in 2 EL Gemüsebrühe verrühren

1 TL geriebener Ingwer

1 TL Kurkumapulver (3 g)

1 TL Kokosblütenzucker

½ TL Kreuzkümmelpulver

¼ TL Chiliflocken

½ Bund Koriander – fein hacken

Für die Tofu-Marinade:

1 TL Kurkumapulver (3 g)

½ TL Kreuzkümmelpulver

½ TL Korianderpulver

1 EL Tamari

Zubereitung

1 Alle Zutaten für die Marinade in eine Schüssel geben, kräftig verrühren, Tofuwürfel dazugeben und vermengen, bis alle Würfel gleichmässig mit Marinade bedeckt sind. Dann beiseite stellen.

2 Süsskartoffeln und Paprika in dem Kokosöl unter Rühren anbraten. Hitze reduzieren, Kurkuma, Kreuzkümmel, Chiliflocken und Ingwer dazugeben, verrühren und 5 Min. leicht weiterschmoren lassen. Hitze abschalten und das Gemüse warm halten.

3 Das Tomatenmark in einer hohen Pfanne trocken anrösten, den Tofu mit Marinade dazugeben und von allen Seiten scharf anbraten. Mit Kokosblütenzucker bestäuben, die Chilihälften dazugeben und mit den passierten Tomaten unter Rühren ablöschen. Den anderen Pfanneninhalt dazugeben, alles gut vermengen und 6 Min. leicht köcheln lassen.

4 Mit Limettensaft beträufeln, mit Sojasahne und Kokosmilch auffüllen, gut verrühren und nochmals aufkochen lassen. Die Chilischoten entfernen, mit Salz und Pfeffer kräftig abschmecken, mit Koriander bestreuen und mit Cashewkernen garniert servieren.

Zubereitungszeit: ca. 45 Min. Portionen: 2

GRÜNKERN-GEMÜSEPFANNE
mit Shiitake

Zutaten

100 g Grünkern – waschen, abtropfen lassen

150 g Stangensellerie – waschen, Scheiben schneiden

150 g Shiitakepilze – säubern, vierteln

150 g Zucchini – waschen, in Stifte schneiden

Flüssige Zutaten und Gewürze:

350 ml Wasser

2 EL Erdnussöl

1 EL Tamari

½ TL Sesamöl

1 EL geriebener Ingwer

1 TL Kurkumapulver – leicht gehäuft (4 g)

Zubereitung

1   Den Grünkern in einem leistungsstarken Mixer ca. 10 Sek. schroten (dabei bleibt ca. die Hälfte des Getreides noch ganz).

2   Das Wasser mit 1 TL Salz aufkochen, Grünkern hineingeben, nochmals aufkochen lassen, die Hitze auf kleinste Stufe reduzieren und im offenen Topf quellen lassen, bis das ganze Wasser aufgesogen ist.

3   Nach ca. 30 Min. das Gemüse vorbereiten. Dann das Erdnussöl in einer Pfanne erhitzen und die Shiitake darin 3 Min. anbraten. Ingwer und Selleriescheiben unter Rühren dazugeben und 2 Min. anbraten. Die Zucchini in die Pfanne geben, mit Kurkuma bestäuben, mit Tamari beträufeln und gut verrühren.

4   Sobald die Selleriescheiben knackig gegart sind, den gekochten Grünkernschrot in die Pfanne geben, alles gut miteinander vermengen und kurz braten lassen.

5   Mit Salz und Pfeffer abschmecken und mit Sesamöl beträufelt servieren.

Zubereitungszeit: ca. 45 Min.   Portionen: 2

PIKANTE BRATKARTOFFELN
mit Spinat

Zutaten

400 g frischer Spinat

350 g mehlig kochende Kartoffeln – schälen, würfeln

200 g Tomaten – waschen, häuten, grob hacken

100 g Champignons – säubern, in Scheiben schneiden

Flüssige Zutaten und Gewürze:

4 EL Kokosöl

3 EL Kokosmilch

3 EL Wasser

1 EL Tamari

2 TL geriebener Ingwer

1 TL Korianderpulver

1 TL Kurkumapulver   gehäuft (5 g)

½ TL Kreuzkümmelpulver

1 Prise Chilipulver

Zubereitung

1   Einen grossen Topf zur Hälfte mit Wasser füllen.
Das Wasser zum Kochen bringen, salzen und den Spinat darin 2 Min. blanchieren. Dann über ein Sieb abgiessen, abtropfen lassen, in einen Mixer geben und glatt pürieren.

2   3 EL Kokosöl in einer Pfanne erhitzen und die Kartoffeln darin unter Wenden von allen Seiten goldbraun anbraten. Hitze reduzieren, Champignons dazugeben und 2 Min. schmoren lassen.

3   Mit Tamari beträufeln und mit 3 EL Wasser ablöschen. Alles gut verrühren, bis die Flüssigkeit verdampft ist. Mit Koriander, Kurkuma, Kreuzkümmel, Chili und Salz würzen, gut verrühren und 1 Min. anschwitzen. Die Kokosmilch unterheben, einmal aufkochen lassen und die Pfanne abgedeckt beiseite stellen.

4   Das restliche Kokosöl in einem Topf erhitzen und die Tomaten darin unter Rühren 2 Min. anschwitzen. Den Spinat dazugeben, einmal aufkochen lassen und den Herd abschalten. Mit Salz und Pfeffer abschmecken.

5   Auf 2 Teller verteilen, die Kartoffeln mittig darauf platzieren und servieren.

 Zubereitungszeit: ca. 30 Min.   Portionen: 2

ABENDESSEN

Rollgerstensuppe Seite 98

ROTE LINSEN

Reissuppe

Zutaten

70 g Vollkorn-Basmatireis – gründlich waschen

70 g rote Linsen – gründlich waschen

70 g Shiitakepilze – säubern, würfeln

70 g Karotten – waschen, würfeln

Flüssige Zutaten und Gewürze:

800 ml Wasser

2 EL Kokosöl

2 TL Apfelessig

2 TL Tamari

5 g Kurkumawurzel – waschen, reiben

5 g Ingwerwurzel – waschen, reiben

1 TL Bockshornkleesamen

½ TL Kreuzkümmel

½ TL Koriander

1 Prise Cayennepfeffer

6 Stiele Koriander – fein hacken

Zubereitung

1 Das Kokosöl in einem Topf erhitzen, Ingwer, Karotte und Shiitake ca. 3 Min. unter Rühren anschwitzen. Linsen und Reis dazugeben und ebenfalls kurz anschwitzen. Mit Apfelessig und Tamari ablöschen.

2 Den Topf mit Wasser auffüllen und die Gewürze - ausser dem gehackten Koriander - einrühren. Einmal aufkochen lassen, Hitze stark reduzieren und ca. 30 Min. abgedeckt leicht köchelnd garen.

3 Mit Salz und Pfeffer abschmecken und mit Koriander bestreut servieren.

Zubereitungszeit: ca. 40 Min.    Portionen: 2

ROLLGERSTEN
Suppe

Zutaten

180 g festk. Kartoffeln – schälen, waschen, würfeln

100 g Rollgerste (Graupen)

100 g Karotten – schälen, klein würfeln

100 g Sellerie – schälen, klein würfeln

50 g Lauch – waschen, klein würfeln

Flüssige Zutaten und Gewürze:

500 ml Wasser

2 EL Olivenöl

2 EL Tamari

1 TL Tomatenmark

1 TL Kurkumapulver (ca. 3 g)

1 Handvoll gehackte Petersilie

Zubereitung

1. Das Öl in einer Pfanne erhitzen und alle festen Zutaten darin kurz andünsten. Tomatenmark einrühren und kurz anrösten.
2. Mit dem Wasser auffüllen und ca. 30 Min. leicht köcheln lassen.
3. Mit Kurkuma würzen, mit Salz, Pfeffer und Tamari abschmecken und mit Petersilie bestreut servieren.

Zubereitungszeit: ca. 45 Min.   Portionen: 2

STOFFWECHSELANREGENDE

Gemüsesuppe

Zutaten

1 ½ Stiele Grünkohl – Blätter waschen, grob schneiden

1 Stangensellerie – waschen, schneiden

1 mittelgr. Karotte – waschen, in Scheiben schneiden

1 mittelgr. Süsskartoffel – waschen, schälen, würfeln

1 Knoblauchzehe – schälen, fein reiben

1 Zwiebel – schälen, fein würfeln

Flüssige Zutaten und Gewürze:

600 ml Gemüsebrühe

1 ½ EL Kokosöl

1 TL Tamari

5 g Kurkumawurzel – fein reiben

5 g Ingwerwurzel – fein reiben

1 TL getrocknete Algenflocken

½ TL Chiliflocken

3 frische Liebstöckelblätter

1 Lorbeerblatt

Zubereitung

1 Das Öl in einem Topf erhitzen. Zwiebel, Knoblauch und Ingwer darin anschwitzen, Grünkohl dazugeben und 3 Min. unter Rühren anschmoren. Karotte und Stangensellerie in den Topf geben und ebenfalls 2 Min. schmoren lassen.

2 Dann Lorbeer- und Liebstöckelblätter sowie Kurkuma und Chili hinzufügen, gut verrühren und mit Tamari ablöschen. Mit Gemüsebrühe auffüllen, Süsskartoffeln und Algen hineingeben und aufkochen lassen. Die Hitze reduzieren und ca. 20 Min. leicht köcheln lassen.

3 Das Lorbeerblatt entfernen, mit Salz und Pfeffer abschmecken und servieren.

BUCHWEIZEN-GEMÜSE
Eintopf

Zutaten

70 g Buchweizen – kurz waschen, abtropfen lassen

100 g Karotten – schälen, würfeln

100 g Zucchini – waschen, würfeln

80 g Tomaten – waschen, vierteln, Strunk entfernen

1 Frühlingszwiebel – waschen, in Streifen schneiden

1 Schalotte – schälen, in Streifen schneiden

Flüssige Zutaten und Gewürze:

700 ml Gemüsebrühe

2 EL Kokosöl

1 EL Tomatenmark

2 TL Apfelessig

5 g Kurkumawurzel – waschen, reiben

5 g Ingwerwurzel – waschen, reiben

2 Lorbeerblätter

1 TL Bockshornkleesamen

½ TL Majoran

1 Prise Muskat

1 EL gehackte Petersilie

Zubereitung

1   Tomaten entkernen, das Fruchtfleisch von der Schale abtrennen, in feine Würfel schneiden und beiseite stellen.

2   Kokosöl in einer hohen Pfanne erhitzen und Schalotte, Knoblauchzehe, Ingwer und Kurkuma unter Rühren anschwitzen. Karotten- und Zucchiniwürfel dazugeben, 2 Min. anbraten und den Buchweizen unterrühren.

3   Die Lorbeerblätter dazugeben, mit Majoran, Muskat und Bockshornklee würzen und mit Gemüsebrühe auffüllen. Aufkochen lassen, Hitze stark reduzieren und abgedeckt 20 Min. leicht köcheln lassen, bis der Buchweizen eingedickt ist.

4   10 Min. vor Garende Tomatenwürfel und Frühlingszwiebel dazugeben, die Lorbeerblätter entfernen und mit Salz und Pfeffer abschmecken. Die Petersilie unterheben und servieren.

DARMAUFBAUENDE

Reissuppe

Zutaten

80 g Vollkorn-Basmatireis – gründlich waschen

100 g Karotten – waschen, schälen, sehr fein würfeln

75 g Fenchel – halbieren, Strunk entfernen, würfeln

Flüssige Zutaten und Gewürze:

800 ml Wasser

2 TL Ghee oder Kokosöl

10 g Ingwerwurzel – waschen, reiben

8 g Kurkumawurzel – waschen, reiben

2 Lorbeerblätter

1 Knoblauchzehe – schälen, pressen

1 TL Korianderpulver

1 TL Kreuzkümmelpulver

1 Zweig Liebstöckel – Blätter fein hacken

½ Bund Petersilie – fein hacken

Zubereitung

1. Das Wasser zusammen mit dem Reis und den Gemüsewürfeln in einen Topf geben und aufkochen lassen. Hitze reduzieren, Topf abdecken und leicht köcheln lassen. Ab und zu umrühren.
2. Nach ca. 30 Min. Kochzeit parallel dazu eine Pfanne mit Ghee erhitzen und die Gewürze unter Rühren anschwitzen. Zwei grosse Schöpfkellen von der Reissuppe dazugeben und ca. 3 Min. kochen lassen.
3. Dann den Pfanneninhalt zurück in den Reistopf geben und nochmals 5 Min. leicht köcheln lassen. Mit Salz und Pfeffer abschmecken und mit Petersilie bestreut servieren.

 Zubereitungszeit: ca. 50 Min.   Portionen: 2

IMPRESSUM

Herausgeber und Redaktion
Copyright
Neosmart Consulting AG
Lidostrasse 6
6006 Luzern, Schweiz
www.neosmart.ch
info@neosmart.ch
+41 41 510 2130
Handelsregisteramt: Kanton Luzern
Handelsregister-Nummer:
CHE-110.353.096

Layout/Satz/Fotos
Neosmart Consulting AG

Lektorin
Carina Rehberg

Druck
Printed in Germany / ISBN 978-3-033-06549-9

Gerichtsstand
Luzern/Schweiz

Hinweise
1. Sofern in den Rezepten die Schale von Zitrusfrüchten benötigt wird, sollten ausschliesslich unbehandelte Früchte verwendet werden.
2. Die angegebenen Zubereitungszeiten können leicht abweichen, da je nach Herdtyp und verwendetem Kochgeschirr Schwankungen auftreten.
3. In diesem Kochbuch findet die Schweizer Rechtschreibung Anwendung – statt «ß» wird daher «ss» verwendet.